SOUVENIRS

D'UN

Vieux Nantais

DEUXIÈME ÉDITION

NANTES

VIER, Libraire-Éditeur

Passage Pommeraye

M DCCC LXXXIX

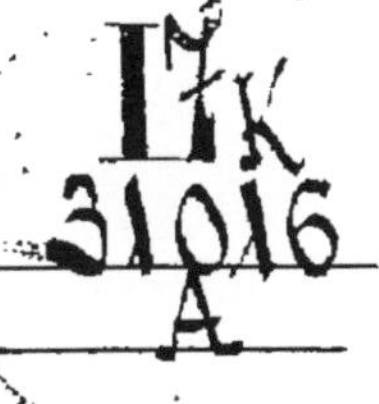

SOUVENIRS

D'UN

Vieux Nantais

1808-1888

NANTES

IMPRIMERIE DU COMMERCE — G. SCHWOB ET FILS
4 et 6, rue Scribe, 4 et 6.
—
1888

PRÉFACE

L'auteur des pages qu'on va lire, que tout au moins on va couper pour laisser croire qu'on les a lues, ne les avait pas destinées à la durable publicité d'un volume avec préface, illustrations et table des matières.

Sous la forme de chroniques légères, de feuilles volantes — autant en emporte le vent! — les Souvenirs d'un Vieux Nantais *avaient reçu deux fois par mois, au cours des dernières années, l'hospitalité du* Phare de la Loire *qui leur consacrait son feuilleton littéraire. La variété des sujets qu'ils effleuraient, le piquant des anecdotes ainsi ressuscitées, le voile discret sous lequel se dissimulait l'auteur, tout cela émoustillait la curiosité des lecteurs surpris de révélations inattendues, d'étonnantes indiscrétions, d'histoires inédites mises au grand jour. On se demanda qui pouvait être ce vieux Nantais, on mit un nom sur cet anonymat, on en mit même plusieurs et généralement on fit fausse route avec une sagacité digne d'un meilleur sort. Dieu me pardonne, le vieux Nantais entra même en correspondance avec quelques-uns de ceux qui lui faisaient l'honneur de suivre ses chroniques et qui lui adressaient à leur tour des communications dignes d'y trouver place, tant il est vrai que l'eau va toujours à la rivière.*

D'aucuns lui conseillèrent de réunir sous une même couverture ces pages fugitives, ils lui laissèrent croire qu'elles feraient plaisir sous cette forme plus commode, tascabile, *diraient les Italiens et, comme tout auteur, le vieux Nantais, qui ne demandait qu'à se laisser convaincre, suivit bien volontiers un avis qui chatouillait aussi agréablement la corde la plus sensible de quiconque a manié une plume.*

Et voilà pourquoi les souvenirs d'un vieux Nantais paraissent aujourd'hui en volume, sans prétendre à la haute littérature, sans aspirer à l'immortalité, avec le seul espoir de distraire et d'intéresser pendant une heure ou deux les lecteurs d'à présent en leur contant les histoires d'autrefois.

LES TROIS GLORIEUSES A NANTES

La poste de Nantes le 29 juillet 1830. — Arrivée d'un blessé de la capitale. — Le Général Despinois. — Le pont de Pirmil coupé. — La fusillade de la place Louis XVI : dix patriotes tués. — Un monument commémoratif. — Le tombeau de Miséricorde. — Un banquet monstre au cours Henri IV. — Un toast à l'instruction primaire en 1831. — Les décorés de juillet. — Le refus de Victor Mangin.

En lisant un des comptes-rendus de la manifestation que les comités républicains de Nantes font tous les ans à l'occasion de l'anniversaire des *trois glorieuses*, sur le tombeau des victimes de Juillet, mon souvenir se portait tout naturellement de quelque cinquante années en arrière, à cette époque où, sous l'inspiration de Polignac, Charles X venait de signer les fameuses ordonnances. Je me rappelle encore les bureaux de la poste assiégés dès le 29, au point du jour, par une foule anxieuse et irritée d'une aussi audacieuse violation des lois, puis le soir, cette même foule se donnant rendez-vous sur la place de la Comédie, aux cris de *Vive la charte !* enfin les gendarmes chargeant les curieux inoffensifs et en conduisant dix-huit, sans autre forme de procès, à la prison du Bouffay.

Il n'en fallait pas tant, vous le comprenez sans peine, pour porter à son comble l'exaspération publique. Le lendemain 30 — il y aura bientôt cinquante-huit ans — le bruit se répandit en ville qu'on se battait à Paris : un des blessés de la capitale, M. Gonnet, arrivé par la diligence, en avait apporté la nouvelle. En présence d'un fait aussi grave, que n'avions-nous pas à redouter de la part d'un royaliste déterminé comme le général Despinois commandant la place de Nantes (1) qui n'aurait reculé devant rien pour faire marcher des troupes sur Paris ou du moins pour conserver aux Bourbons, en cas de défaite, la capitale de l'Ouest comme centre d'une nouvelle chouannerie ? Afin de conjurer une éventualité aussi redoutable, une seule solution s'imposait : former une garde nationale. Mais il ne fallait pas compter pour y parvenir, sur le maire, M. Levesque, qui ne sut que biaiser et s'opposa de toutes ses forces à la réorganisation de la garde civique.

Par contre, le bruit, venu on ne sait d'où, se répandit que le général Despinois attendait des troupes fraîches : des cuirassiers partis de Fontenay, se dirigeaient, disait-on, sur Nantes, et dans une pensée de résistance bien naturelle, des barricades s'élevèrent dans nos principales rues, le pont de Pirmil fut coupé pour protéger la ville du côté de la route de La Rochelle, et la foule, qui augmentait d'instant en instant à l'hôtel de la Bourse devenu le quartier général de l'insurrection *(quantum mutatus ab illo)*, finit par prendre, les uns avec de mauvais fusils et deux ou trois cartouches

(1) Contrairement à beaucoup de ses pareils, le général Despinois n'était pas uniquement un soudard, une culotte de peau comme on dit d'ordinaire. C'était un amateur de livres et de tableaux les uns et les autres catalogués avec soin et dont la collection fut vendue après sa mort vers 1840. J'ai toujours regretté d'avoir laissé échapper un tableau fort à ma convenance et dont le prix n'avait rien d'excessif, étant donné son mérite.

seulement, les autres sans armes du tout, le chemin du Château de Nantes où, dans la matinée, les prisonniers faits la veille avaient été conduits.

Prendre le Château était chose à peu près impossible : quelques groupes restèrent là pour le surveiller, le reste remonta sur la place Louis XVI, où se trouvait, comme aujourd'hui, l'hôtel de la Division militaire, et y réclama la mise en liberté des prisonniers.

La troupe qui avait quitté la caserne en prenant par la rue Saint-Clément s'était postée devant l'hôtel d'Aux et devant le corps-de-garde qui lui fait encore face aujourd'hui avec son drapeau en fer battu. Les officiers de ligne fraternisaient du fond du cœur avec la foule ; déjà la veille, ils n'avaient circulé que pour la forme et c'étaient les gendarmes seuls qui avaient tout fait. Comment un engagement sérieux a-t-il pu éclater en présence d'aussi bonnes dispositions de part et d'autre? Est-ce un coup de feu parti par imprudence qui a provoqué la mêlée générale ? Quelque lâche n'avait-il pas tiré des fenêtres voisines afin d'exciter l'armée et le peuple l'un contre l'autre et de faire croire ainsi à la légitimité d'une défense réciproque. Toujours est-il que dix patriotes périrent victimes de cette sanglante méprise : ce sont — il est juste que leurs noms ne soient pas oubliés des bons citoyens — ce sont :

LASNIER
RESEAU POTTIN
CHAUVET RACINEUX DOLBEAU
ROBERT RIGAUD CAMIN VORUZ

Le lendemain l'autorité, sans nouvelles satisfaisantes de

la capitale, consentait tardivement à donner un ordre qui, la veille, eût évité l'effusion du sang, elle faisait mettre en liberté les prisonniers et accordait l'autorisation, dont on se fût passé au besoin, de former une garde citoyenne.

Peu s'en est fallu que le monument du cimetière de Miséricorde ne fût érigé sur un tout autre emplacement.

On avait en effet conçu deux projets: l'un tendait à élever sur la place Royale où les patriotes s'étaient d'abord réunis le 30 juillet, ce monument historique; l'autre à se servir de la colonne de la place Louis XVI devenue, depuis la fusillade, la place des Martyrs.

D'autres, parmi les modérés, n'acceptaient pas cet hommage public et permanent à la nouvelle révolution ; ils ne faisaient pas obstacle à l'idée d'élever quelque mausolée dans un coin du cimetière, mais ne voulaient rien de plus, sous prétexte de ne pas entretenir, par un monument érigé en plein public, le souvenir de ce triste épisode. Les patriotes ne l'entendaient pas de cette oreille : enterrer les morts, soit, mais enterrer aussi cette glorieuse page de notre histoire, ils n'y consentaient pas volontiers.

Ils acceptaient au besoin l'idée d'élever dans le cimetière, un tombeau modeste, ils voulaient de plus rendre la colonne qui existe entre les deux cours à sa destination primitive, en refaire la colonne de la Liberté, en descendre naturellement la statue de Louis XVI qui la surmonte et la remplacer par un coq gaulois tenant — l'auteur ne disait pas comment — un drapeau tricolore; placer un coq gaulois à chaque coin de la grille qui l'entoure; mettre à chacune des quatre faces de la base une plaque en marbre noir et y placer des inscriptions en lettres d'or; enfin remiser au muséum archéologique la statue de Louis XVI et celle de Louis XVIII, auteur de la Charte violée.

Ce projet trop radical pour le gouvernement de Louis-Philippe, ne prévalut pas, et il fallut se contenter du monument qui existe encore aujourd'hui au cimetière de Miséricorde et que je suis allé revoir ces jours derniers.

Comme vous le savez, il est des plus simples : sur un piédestal rectangulaire, orné, sur chacune de ses faces, d'une plaque de marbre blanc, s'élève une colonnade, ou, mieux encore, une masse cylindrique, peu gracieuse et assez mal proportionnée, d'une circonférence beaucoup trop considérable eu égard à sa hauteur. Comme couronnement de l'édifice, une urne surmontée d'une flamme funéraire.

J'ignore qui est chargé de prendre soin de ce monument élevé aux défenseurs de la Charte, morts pour la défense des lois; mais les inscriptions gravées sur le marbre blanc sont devenues à peu près illisibles, les boulons de cuivre qui fixent le marbre au granit sont tout vert-de-grisés, et les noms des victimes du 30 juillet 1830 qu'entourent des couronnes civiques auxquelles est suspendue la médaille commémorative, auraient grand besoin d'être ciselés de nouveau dans la pierre qui s'effrite. Je ne parle que pour mémoire de la rouille qui donne une teinte brune aux piliers de fonte et aux chaînes qui protègent le monument contre les passants.

Ce qui, par contre, ne s'efface pas de la mémoire des bons citoyens, c'est le souvenir de ces glorieuses journées de 1830, et pourtant, de ces bourgeois voltairiens, qui, jadis, n'en parlaient qu'avec enthousiasme, l'hyperbole aux lèvres, combien tiendraient encore aujourd'hui, à ce même anniversaire, leur langage d'autrefois ?

Lors du premier bout de l'an des glorieuses journées, le 29 juillet 1831, un service funèbre fut célébré dans la cathédrale pour les braves qui avaient succombé dans les glorieuses journées: les fonctionnaires publics y assistèrent en deuil, le crêpe au bras ou à l'épée, la garde nationale et les troupes de la garnison fournirent des détachements pendant cette cérémonie qu'accompagnait le sourd grondement du canon, tiré de cinq en cinq minutes.

Le lendemain, 30, distribution solennelle des décorations de juillet, défilé des députations de Maine-et-Loire, d'Ille-et-Vilaine, du Morbihan, de la Vendée, des corporations ouvrières, de la garde nationale, banquet monstre de 4840 couverts (vous lisez bien : *quatre mille huit cent quarante*), organisé sur le cours Henri IV (Cambronne vivait encore à cette époque) et toasts à n'en plus finir, et quels toasts? quels hourrahs en l'honneur de la Révolution? chacun y allait du sien, depuis le préfet et le général jusqu'au président du tribunal civil et au commandant de la garde nationale.

Les patriotes bretons sont ici réunis, s'écriait, à son tour venu, M. P.-J. Maës, président du Tribunal de Commerce : ils se lèveraient comme un seul homme, si jamais la liberté et le trône populaire qu'elle a fondé étaient attaqués par leurs ennemis ou compromis par ces caméléons politiques qui ont perdu la Révolution de 1789, et qui perdraient aussi l'admirable et glorieuse régénération que nous devons au patriotique courage des héros de Juillet. Qu'il rappelle incessamment aux Rois qu'ils ne violent pas impunément leurs serments, qu'il enseigne aux peuples que la mort est mille fois préférable à la servitude.

Il y eut même un toast — et ce ne fut pas le moins curieux — porté à l'instruction primaire. Banalité aujourd'hui qu'elle est devenue obligatoire, mais idée hardie pour l'époque, puisque ce n'est que deux ans plus tard, en 1833, que devait paraître la fameuse loi Guizot.

A l'instruction primaire! disait l'auteur du toast, elle est de l'essence d'un gouvernement constitutionnel comme l'ignorance est de l'essence de l'absolutisme.

Pour faire de l'homme un esclave docile, il faut commencer par l'abrutir. Une croyance aveugle lui est imposée, parce qu'il ne doit que végéter et jamais penser

Au contraire, pour faire de l'homme un citoyen libre, il faut l'éclairer: et l'instruction primaire est la première culture donnée à son intelligence.

Elle le conduira bientôt à la connaissance de ses droits et de ses devoirs sociaux.

Alors, il comprendra facilement l'excellence d'un gouvernement institué, non plus en faveur de quelques privilégiés seulement, mais dans l'intérêt général des gouvernés.

De là, son respect pour des lois qui le protègent à l'égal des autres citoyens; de là, son respect pour une société dont chaque membre partage les avantages. Il sentira qu'il a une patrie, tandis que les sujets d'un despote ne sentent que le poids de leurs fers.

Ces paroles pleines d'élévation et de grandeur, c'était le président du tribunal civil, M. Colombel, grand-père de l'ancien maire de Nantes, qui les prononçait, sans songer que plus tard son petit-fils serait de ceux qui contribueraient le plus ardemment à leur réalisation.

Le soir et les jours suivants, on joua au théâtre des pièces de circonstance : le *30 Juillet 1840*, la *Jeunesse d'Henri V*, *Madame Dubarry*, qui furent fort goûtées.

Ces fêtes sont bien loin de nous; bien loin aussi l'ordonnance royale du 10 juillet qui décernait à la ville de Nantes

68 croix de Juillet et 65 médailles et déléguait M. Moreau, maître des requêtes à Nantes, pour les remettre aux titulaires lors de la fête du 30 juillet 1831.

Quelques noms au hasard sur cette longue liste.

Côté croix : MM. Hyrvoix, Denechaud, Grignon-Dumoulin, Mazier, Pavec, Tournade, Trastour, Trenchevent, Taupier, Voruz, Bouëdron, Cabanne, Cholet, Supiot, Danghin.

Côté médailles : MM. Blanchard, Bodet-Lacroix, Clémenceau, Chassin, docteur Guépin, Guiraud, Lesant, Perraudeau, Toublanc, Vallée, Couprie, Achille Grignon fils, Rateau, commis journaliste, — c'est ainsi que le qualifie l'ordonnance royale — Robineau, Trouillard, Simon.

Victor Mangin, rédacteur de l'*Ami de la Charte*, porté pour la croix de Juillet, la refusa.

« Je ne veux pas, écrivait-il au préfet, d'une distinction qu'en conscience je n'ai pas méritée : les services que j'ai pu rendre à la liberté, comme journaliste patriote et indépendant, sont antérieurs aux mémorables événements qui ont donné naissance à cet ordre.

« Toujours fidèle aux principes que j'ai constamment défendus, je continuerai à servir ma patrie, comme je l'ai fait jusqu'à présent, et je n'aurai jamais d'autre ambition que celle de mériter l'estime de mes compatriotes. »

M. Rateau, qui était un des rédacteurs de l'*Ami de la Charte*, refusa, lui aussi, sa médaille, en déclarant « qu'il n'avait rien fait pour la mériter » et en regrettant qu'on eût limité à 133 le nombre des citoyens nantais jugés dignes de participer aux récompenses nationales.

— J'en connais beaucoup, écrivit-il aux membres de la

commission d'enquête, qui, retenus par la modestie, sont restés muets !

La plupart acceptèrent : mais où sont à présent les décorés de Juillet ? Quel passant, en traversant aujourd'hui la place Louis XVI, se rappelle qu'en 1830 le pavé y fut rougi du sang des citoyens ? Il faudrait pour cela qu'il s'approchât bien près de la colonne et qu'il eût de bons yeux pour y découvrir l'inscription suivante sur une plaque de cuivre noircie par les intempéries des saisons :

ICI PRÈS A EU LIEU UNE LUTTE SANGLANTE
ENTRE LES OPPRESSEURS ET LES OPPRIMÉS

30 JUILLET 1830

DES LABOUREURS ET OUVRIERS ANGLAIS ONT
FAIT POSER CETTE INSCRIPTION EN
TÉMOIGNAGE DE LEUR ADMIRATION POUR LA
BRAVOURE, LA VALEUR ET L'INTRÉPIDITÉ
NANTAISES

Cette lutte sanglante n'était autre que la collision du 30 juillet survenue entre un bataillon du 10e léger posté devant l'hôtel du général et les patriotes nantais. L'hommage que les républicains continuent à rendre à ceux qui se firent tuer alors pour la liberté, fait honneur à notre démocratie autant qu'aux victimes de Juillet et je n'y puis songer sans me rappeler en même temps l'invocation sublime du poète :

Ceux qui pieusement sont morts pour la patrie
Ont droit qu'à leur sépulcre on adore et l'on prie ;
Entre les plus beaux noms leur nom est le plus beau.
Toute gloire près d'eux tombe et passe éphémère ;
Et, comme ferait une mère,
La voix du peuple entier les berce en leur tombeau.

Gloire à la patrie éternelle,
Gloire à ceux qui sont morts pour elle,
Aux martyrs, aux vaillants, aux forts,
A ceux qu'enflamme leur exemple,
Qui veulent place dans ce temple,
Et qui mourront comme ils sont morts.

MOLIÈRE A NANTES

Une vieille rue de Nantes. — Le 19 de la rue Saint-Léonard. — Huiles et droguerie. — Une plaque de marbre noir. — Les tribulations d'un comédien. — Une tournée artistique en 1648. — Molière à l'Hôtel-de-Ville. — Deux pièces authentiques. — Au bénéfice des pauvres. — La *Jalousie du Barbouillé*. — Le baptême de la jeune Isabelle, l'enfant de la balle. — Une brochure rare. — René Berthelot, de Nantes, dit Gros-René. — Un anniversaire à célébrer. — La statue de Molière.

A l'endroit où la rue Saint-Léonard est la plus étroite et la plus tortueuse, où il ne serait pas possible de placer la moindre bordure de trottoir sans supprimer la chaussée, en face d'une boulangerie dont la devanture convexe n'a jamais connu les sévérités de l'alignement, se trouve une vieille maison sur laquelle le passant jette à peine les yeux. Comment oserait-il s'arrêter, au risque d'être pris et écrasé sans espoir d'échapper entre les maisons et quelque voiture rapide? Comment d'ailleurs songerait-il que ces murs délabrés, que cette toiture en accent circonflexe où la mousse croît toute seule entre les ardoises effritées, ont autrefois abrité un de ces hommes dont la vie est encore aussi obscure que son œuvre est éclatante?

Si pourtant quelque curieux plus hardi avait interrogé, il

y a quelque temps encore, ces murailles décrépites, d'où le plâtre tombe lentement sous l'action de la pluie, il aurait pu y lire ou plutôt y deviner ces inscriptions :

HUILES

DROGUERIE PHARMACEUTIQUE

A. MARTINEAU ET Cie

D'ailleurs l'odeur qui s'échappe par l'immense porte-cochère toujours ouverte suffirait à indiquer, même à un aveugle, passant par là, qu'il longe quelque officine de droguiste.

Au milieu de ces inscriptions, la plaque bleue où se détache en émail blanc le chiffre 19, qui indique le numéro de l'immeuble et les plaques des Compagnies d'assurances le *Nord* et la *Générale*: un peu plus haut, un morceau de marbre, jadis noir, que le temps a fait grisonner et sur lequel quelques mots aujourd'hui à peu près illisibles d'en bas ont été gravés.

Quand la plaque était neuve, elle apprenait que notre immortel Molière avait joué la comédie à cette même place, dans le jeu de paume Saint-Léonard, en 1648. Combien pourtant de nos concitoyens ignorent cette particularité intéressante de la vie de l'illustre comédien : qui, jeune encore — il n'avait que vingt-six ans — parcourait la province, pauvre, inconnu, souvent humilié et mal reçu, donnant des représentations dans les auberges, dans les granges, les châteaux, partout où on voulait bien l'accueillir

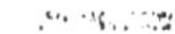

L'ANCIEN JEU DE PAUME SAINT-LÉONARD

2

Et saluant, chapeau levé,
Le vieux castel où l'on héberge
Les histrions sur le pavé.

C'est ainsi qu'il arriva à Nantes vers le milieu du mois d'avril, comme il résulte d'une lettre écrite par le directeur de la troupe, Charles Dufresne, au lieutenant particulier de Fontenay-le-Comte. Quelques jours après, Molière venait, au nom de ses camarades, demander l'autorisation de jouer. Une pièce extraite des anciens registres de la ville l'établit incontestablement.

La voici :

« Ce jour (23 avril 1648) eſt venu au Bureau le ſieur Morlierre, l'un des commédiens de la troupe du ſieur Dufresne, qui a remonſtré que le reſte de ladite troupe doibt arriver ce jour en ceſte ville, & a ſupplyé très humblement Meſſieurs leur permettre de monter ſur le téâtre pour y repreſenter leurs commédyes.

Sur quoy, de l'advis commun du Bureau, a eſté arreſté que la troupe deſdits commédiens tardera de monter sur le téâtre juſques à dimanche prochain, auquel jour il ſera advizé à ce que ſera trouvé à propos d'eſtre faict. »

C'était le jeudi que Molière se présenta à la mairie de Nantes ou du moins au bureau plus ou moins municipal qui en tenait alors lieu. Il fut ajourné au dimanche, mais la grave maladie du gouverneur de la ville, M. le maréchal de la Meilleraye, entraîna un nouveau retard. Par une déférence que nous comprendrions moins aujourd'hui, il était ordonné aux comédiens de risquer de mourir de faim, parce que le seigneur du pays était en danger de vie. Religieux et religieuses adressèrent au ciel les plus ferventes prières pour le retour du gouverneur à la santé : et les comédiens n'en firent pas moins sans doute, puisque leur gagne-pain dépendait de la convalescence du malade. Il faut croire que le maréchal revint à la santé au moins dans les semaines qui suivirent, à en juger par le document que voici :

« Du dimanche XVIIe jour de may 1648. — Ce jour a efté mandé et faict entrer au Bureau Dufrefne, comédien, auquel a efté par Meffieurs defclaré qu'ils entendent prendre la pièce, qui doibt êftre demain repréfentée, pour l'hofpital de cette ville, ainfy qu'il a efté pratiqué cy-devant aux autres troupes de comédiens : de quoy le dit Dufrefne est demeuré d'accord, au moien de quoy a efté arrefté qu'il sera mis ordre à ce que l'argent foit receu à la porte du jeu de paulme par perfonnes que l'on y commettra pour ceft effet. »

De quelles œuvres se composait cette représentation au bénéfice des pauvres ? On l'ignore, mais Molière joua à Nantes deux petites pièces en prose, farces dans le goût italien plutôt que comédies, la *Jalousie du Barbouillé* et le *Docteur Amoureux* qu'il ne craignit pas de donner, dix ans plus tard, devant Louis XIV lui-même. Il n'y avait pas d'affiches alors, c'est à son de caisse que Molière fit appel aux bons bourgeois et bourgeoises de Nantes de venir entendre ses pièces, « après vefpres. » L'entrée était de quinze sols par personne aux meilleures places : dix sols aux autres. Il y avait même des musiciens qui n'eurent pas, dit-on, moins de succès que les acteurs.

Cette représentation du 17 mai n'était évidemment pas la dernière et le séjour des comédiens à Nantes dut se prolonger quelque temps encore, puisqu'ils n'avaient traité avec le propriétaire du jeu de paume de Fontenay qu'à partir du 15 juin. D'ailleurs, le lendemain, la petite troupe de Molière célébrait le baptême d'Isabelle Réveillon, fille de l'associé de Dufresne, dont un magistrat, Louis Boin, conseiller du roi, ne dédaigna pas d'être le parrain, sans doute en considération de Dufresne, qui avait de la famille à Nantes.

Un pareil phénomène se reproduirait-il aujourd'hui dans notre bonne ville? Cela est assurément plus que douteux.

Les registres de l'état-civil de la paroisse Saint-Léonard, qui mentionnent le baptême, ne portent pas la signature de Molière, mais tous ses camarades, Marie Hervé, Madeleine Béjart, Duparc, Dufresne, Réveillon ont signé, et il n'en faudrait pas davantage pour attester le passage de l'immortel comédien à Nantes, s'il pouvait encore subsister quelque doute à cet égard.

Ces détails ont été donnés, avec toute l'autorité qui s'attachait à la compétence de l'écrivain, par le regretté Benjamin Fillon. Il les publia en 1871, sous ce titre : *Recherches sur le séjour de Molière dans l'Ouest de la France en 1648*, dans une brochure devenue rare, puisqu'elle n'avait été tirée, je crois, qu'à cent cinquante exemplaires.

Ancien préfet de la Vendée pendant la Défense nationale, du moins pendant les premières semaines qui suivirent le 4 Septembre, Fillon, bientôt rentré dans la vie privée, dédia cet opuscule à M. Edouard Guilhaumon, qui avait administré à la même époque, l'arrondissement de Fontenay-le-Comte.

Cette brochure insiste à propos de l'un des comédiens de la troupe de Molière, Duparc, sur un point assez curieux. « Le nom réel de cet acteur, dit-elle, était René Berthelot, et il était fils de Pierre Berthelot, bourgeois de Nantes. Je croirais dès lors assez volontiers que son entrée dans la troupe de Dufresne eut lieu entre le 19 avril et le 18 mai

1648. » C'était, on le sait, un des meilleurs artistes de la troupe, doué d'un talent original que la pratique de la scène ne pouvait que développer. Son embonpoint naturel lui valut le surnom tout indiqué de Gros-René, que Molière conserva au rôle du *Dépit amoureux*, où Duparc s'acoquinait avec une verve charmante aux appas de Marinette.

Voilà deux cent quarante ans que ces faits se sont passés, sans que depuis il soit jamais venu à l'idée de personne de célébrer par quelque solennité théâtrale, l'anniversaire du séjour de Molière à Nantes.

A dire vrai, en 1863, le 17 janvier, alors que la France littéraire et dramatique célébrait l'anniversaire de la naissance de Molière, le Grand-Théâtre, dirigé par M. Jourdain, donna un à-propos historique en vers, en un acte et deux tableaux, de M. Marcel-Briol pour les paroles, de M. Antony Bernier pour la musique.

M. Jourdain, l'excellent baryton qui a créé ici le rôle de Charles VI, n'était autre que le père de l'architecte, critique littéraire bien connu, Frantz Jourdain, collaborateur du *Phare de la Loire* sous le pseudonyme de Spiridion.

Marcel Briol qui aimait à se dire membre correspondant de la société académique des Hautes-Pyrénées, n'était autre que le régisseur général du théâtre Graslin. C'était en même temps, un artiste dramatique d'un certain mérite : il avait créé à Nantes le rôle de Cocardasse dans le *Bossu* et comme il était méridional et qu'il avait l'*assent*, il était vraiment *nature* quand il disait : — Ce bon monsieur de Peyrolles!

Je n'ai point à présenter longuement ici M. Bernier, l'excellent chef de la musique municipale, qui était alors simple musicien à l'orchestre, mais il ne m'est pas défendu de vous analyser en quelques lignes le sujet de cet à-propos moliériste.

Le premier tableau représentait le théâtre Saint-Léonard, exhaussé sur des tonneaux et encore embarrassé des accessoires de la dernière représentation. La rampe est formée par des bobèches en fer blanc contenant des chandelles presque finies. Sur la capote du trou du souffleur, on voit une paire de mouchettes : çà et là des papiers de musique, des instruments épars.

La troupe va quitter Nantes, mais auparavant les pensionnaires de l'Illustre Théâtre veulent fêter l'anniversaire de la naissance de Molière, leur directeur, Gros-René lui prédit l'immortalité : il a vu, dans un rêve, le Grand-Théâtre tel qu'il existe aujourd'hui :

Et sous le péristyle, ô sublime merveille.
Le grand Molière assis en face de Corneille.

Ils ne se font plus vis-à-vis à présent, comme à l'époque où ils étaient placés, l'un regardant l'autre, aux deux entrées du parterre, mais ils sont toujours là, comme pour souhaiter la bienvenue au public.

Au deuxième tableau, le temple de l'Immortalité, le buste de Molière est entouré par les muses qui célèbrent son apothéose. Les groupes de *Tartufe* et du *Médecin malgré lui* reproduisent la scène de la *Table* dans le premier ouvrage, et celle de la *Consultation* dans le second.

Faut-il vous présenter les personnages ? C'est Molière, Duparc, dit Gros-René, De Brie, Brécourt, comédiens, un bourgeois de Nantes, et du côté féminin, la Muse de la Comédie, Magdeleine Béjard et Laforest, servante de Molière.

Les acteurs étaient MM. Klein, Pascal, Achille, Charle, Rodolphe, Mlle Masson, Mmes Sandre et Simiane, auxquels s'était joint tout le personnel lyrique, dramatique et chorégraphique du théâtre.

Ecrire ces noms, c'est évoquer des souvenirs qui se pressent en foule sous ma plume. Klein était le premier rôle de drame et de comédie, Pascal un excellent comique. Je revois toujours Rodolphe dans le rôle de Colombe des *Chemins de fer*, Colombe, l'inénarrable « bobonne » qui suit ses maîtres de gare en gare en portant, sans le casser, un globe de pendule immense autant que fragile. M. Charle, le comédien parfait, père du professeur du Conservatoire de Nantes, est resté notre concitoyen, et j'estime que, s'il écrivait jamais ses *Mémoires*, nous y trouverions plus d'une page curieuse.

Mlle Masson, excellente artiste, qui disait dans *Molière* le rôle de la Muse de la Comédie, n'était autre que cette admirable contralto qui créa, sur notre scène, Odette de *Charles VI*, avec une supériorité que nous n'avons pas retrouvée depuis. Mme Sandre, forte jeune première, dont le mari jouait les *traîtres*, avait été frappée d'une infirmité bien douloureuse pour une comédienne. La pauvre femme était devenue sourde et c'était au mouvement des lèvres des camarades qui lui donnaient la réplique à la scène, qu'elle devinait que c'était à son tour de parler.

Quel Nantais, ayant un peu suivi le théâtre, n'a gardé le souvenir de Mme Simiane, qui n'avait pas moins de succès dans le rôle de l'Opinion Publique, d'*Orphée aux Enfers*, que sous les traits de Margot et de la maréchale d'Ancre, de la *Bouquetière des Innocents* !

Mais je me laisse entraîner bien loin du spectacle du 17 janvier 1863.

Pourquoi, en dehors de cette représentation exceptionnelle, l'idée de célébrer le passage de Molière à Nantes ne tenterait-elle pas une société artistique et littéraire de notre ville? pourquoi ne serait-elle pas accueillie par le directeur de notre scène, qui trouverait bien dans le répertoire de l'incomparable comique une œuvre d'une interprétation facile? Il ne serait pas impossible d'y ajouter une poésie, peut-être même un acte de circonstance, les auteurs ne nous font pas défaut et ce serait là une cérémonie intéressante sous le double rapport de l'art et de l'histoire. Une affiche qui eût débuté ainsi, aurait certainement tiré l'œil :

GRAND-THÉATRE DE NANTES

LUNDI 23 AVRIL

1648-1888.

240me anniversaire du passage à Nantes de

J.-B. POQUELIN MOLIÈRE

LE DÉPIT AMOUREUX

Intermède composé de morceaux de *Don Juan*

musique de Mozart.

LE MÉDECIN MALGRÉ LUI

Opéra-comique, musique de Gounod

Etc., etc.

Nous n'aurions pas sans doute l'interprétation du *Médecin malgré lui* de 1858, quand le Théâtre-Lyrique le donnait pour la première fois, avec Meillet dans Sganarelle, Fromant dans Léandre, Lesage dans Géronte, et, du côté des dames, Mme Faivre dans Martine, Mme Girard dans Jacqueline, et Mme Caye dans Lucinde. Mais l'œuvre n'en serait pas moins piquante à ressusciter à Nantes, où elle fut jouée en 1863, en même temps que l'à-propos de M. Briol, par la troupe lyrique.

A une époque où la personnalité de Molière a pris une importance en rapport avec la puissance de l'œuvre qu'il a laissée, cette solennité aurait, dans le monde des lettrés, des *moliéristes*, comme ils se font gloire d'être appelés, un retentissement considérable.

Tu ne songeais guère à tout cela, ô Molière, à l'heure où tu te présentais humblement devant les échevins de la ville de Nantes pour solliciter de leur bon plaisir une permission durement ajournée ; tu ne te doutais pas qu'un jour viendrait où les successeurs éloignés de ces mêmes échevins te rendraient meilleure justice et que le public idolâtre passerait pour aller applaudir ton *Tartufe* ou ton *Harpagon* devant ta statue qui décore le péristyle du Grand-Théâtre dans cette même ville où tu jouais dans un jeu de paume pour gagner ton pain quotidien.

Qui se souvient encore des échevins de 1648 ? Qui pourrait oublier Molière ?

SERMONS DE CARÊME

Les sermons de carême. — Le bon vieux temps en Bretagne. — Les prédicateurs sous Louis-Philippe. — Monseigneur Mermillod à Saint-Nicolas de Nantes. — Le R. P. Olivier (de Saint-Malo). — Les pieds dans le plat. — L'avocat du Diable et l'avocat du bon Dieu. — Le vieux neuf. — Les divers genres d'orateurs sacrés. — *To be or not to be.* — Le mot d'ordre maternel. — Confesseur malgré lui. — Les dames et les femmes. — La confession à l'heure du déjeuner. — Le guet derrière le pilier de l'église. — Un souvenir de Saint-Macaire. — L'estomac d'Erasme. — Retraites pour hommes seuls. — Une brochure à faire. — La *Neuvaine du P. Félix.* — Un anonymat découvert.

Si j'en crois les vieilles chroniques, certain Jésuite de Rennes fit scandale en 1624, le jour de Pâques, dans l'église paroissiale de La Boussac, parce que le curé exhortait ses ouailles à se préparer à la communion et que le jésuite qui confessait dans cette église prétendait se réserver le monopole de pareilles exhortations. Le juge de Lamballe dut même dresser procès-verbal.

Si je recueille mes souvenirs personnels les plus lointains, je me rappelle le bruit que fit à Dinan, sous le règne de Louis-Philippe, certain prédicateur qui avait réussi à jeter le trouble et le désordre dans une ville que les passions religieuses n'agitaient pas jusque-là. La jeunesse libérale lui fit même un charivari monstre dont je crois encore entendre le tintamarresque vacarme.

En carême est de saison
La marée et le sermon.

et le tapage au besoin, quand c'est le prédicateur lui-même qui le provoque.

Enfin, sans remonter à des époques aussi reculées, je me souviens du sermon que fit à Nantes, il y a bientôt quinze ans, l'évêque Mermillod de Genève, triste exilé sur la terre étrangère. Je le vois encore avec sa figure d'ascète, ses yeux caves ombragés par de noirs sourcils qui les rendaient plus sombres encore, son geste exubérant jusqu'à en être fatigant, j'entends encore sa voix brève et dure, faite pour le commandement plutôt que pour la persuasion et la prière. Il fit sensation à Saint-Nicolas, parce que tout le monde connaissait ses démêlés avec l'Etat de Genève beaucoup plus que par son mérite personnel de prédicateur.

Tel n'est certainement pas le cas du R. P. Olivier, de l'ordre des Dominicains, qui en 1883 remplissait des foudres d'une éloquence assez inattendue la chaire de Saint-Nicolas. Il fut le lion du jour, faisant à ses confrères en prédication une concurrence peu évangélique. On courait pour l'entendre; on dînait mal, comme les soirs de représentation de gala, et je sais plus d'une dévote qui, dès l'après-midi, marquait d'un mouchoir de fine batiste aux initiales enlacées, la chaise enviée d'où elle pourrait, sept ou huit heures plus tard, boire les paroles du révérend dominicain. Les femmes seules ont la curiosité assez âpre pour se soumettre patiemment à cette longue attente.

Je vous avoue qu'en ce qui me touche, je n'apprécie pas outre mesure ce qu'on est convenu d'appeler *l'éloquence de la chaire*. Parler tout seul sans contradiction possible et souvent sans contradiction désirée, c'est courir à un succès tellement facile que vraiment un orateur de mérite doit n'y guère tenir et préférer un adversaire. Jadis, au moyen-âge, les sermons se faisaient en quelque sorte en partie double. Le vrai prédicateur était en butte à toutes sortes d'objections hérétiques de la part d'un second prêtre qui était décoré d'un nom caractéristique : c'était l'*avocat du diable*. Un dialogue animé s'établissait entre eux, et finalement, comme de raison, le diable et son avocat étaient toujours battus. Il n'en pouvait être autrement dans la maison du bon Dieu.

Cette comédie oratoire a disparu de nos jours, et je le regrette; le prédicateur dit ce qu'il veut; libre à lui de parler à tort et à travers, il n'est permis à personne d'interrompre, sous peine de trouble à l'exercice du culte et voilà pourquoi ce soliloque est dépourvu dorénavant de difficultés et par là même d'intérêt.

Il faut rajeunir par l'imprévu de la forme la banalité du sujet, donner aux sermons des années précédentes un regain d'originalité, et, comme les boutiquiers qui font repeindre leur devanture pour la semaine de Pâques, remettre à neuf et au goût du jour les discours des prédicateurs passés.

Le R. P. Olivier a choisi, pour tirer l'œil, les couleurs voyantes et criardes; pour réveiller les auditeurs assoupis, pour empêcher les chuchottements des pénitentes, il a parlé haut et fort, il s'est montré brusque, presque brutal, il a fait semblant de ne pas remarquer qu'il y avait des dames dans son auditoire, bien qu'elles y fussent en majorité, il a constamment dit : *Messieurs*, histoire d'irriter l'amour-propre féminin. Ah! s'il n'a pas voulu passer inaperçu comme tant d'autres, il y a certainement réussi. Cette légère pointe d'orgueil lui sera pourtant pardonnée quand elle aura pour contre-poids dans l'autre plateau de la balance toutes ses bonnes intentions.

C'est du reste là un genre comme un autre qu'il s'est donné. Il y a l'orateur insinuant, qui parle au cœur de ses pénitentes, rempli d'indulgence pour leurs faiblesses et dont le confessionnal est assiégé par de belles mondaines ravies d'avoir quelque péché sur la conscience : il y a le prédicateur insignifiant, qui prêche parce que c'est son métier de prêcher, ennuyeux et ennuyé, sorte de machine pneumatique qui fait le vide dans l'église et ne conserve comme auditeurs inamovibles, qu'un vieux marguillier sourd, quelques cuisinières en rupture de casseroles et le bedeau qui, pareil à celui du *Carême impromptu*,

Enseveli dans l'indolence
D'une héréditaire ignorance,
Vit de baptême et de trépas
Et d'offices qu'il n'entend pas.

Il existe encore l'orateur furieux contre la société en général, qui l'exorciserait volontiers en chaire, ou celui qui s'échauffe à froid et s'enthousiasme seul devant une assistance au-dessous de zéro.

Le R. P. Olivier n'appartient à aucune de ces catégories. Sa mère, il aime à le dire, en le lançant dans le monde, ne lui a donné qu'un seul conseil qu'il a suivi comme un ordre : « Mon fils, sors de la foule, il faut que tu relèves la famille, sois *quelqu'un.* » Il a voulu être quelqu'un par piété filiale, par obéissance, peut-être aussi par fierté, pour se distinguer du *vulgum pecus* et c'est en frappant fort qu'il a surtout attiré l'attention sur sa personnalité, sur ce *moi* que le R. P. Olivier ne trouve peut-être pas aussi haïssable que l'auteur des *Provinciales*.

A-t-il éprouvé, avant de prendre l'habit ecclésiastique, les ennuis douloureux d'un amour contrarié, ce que le public appelle des *peines de cœur?* Les femmes qui l'écoutent et qui s'y connaissent sur ce chapitre-là, mettraient leur main au feu pour l'affirmative, tant il jette au sexe damnable de sarcasme et de brutalité de langage. Le confessionnal? il le subit, mais il le déplore. Il est des huguenots qui prétendent que c'est aux prêtres qu'il faut reporter l'invention de la confession auriculaire. Si tous les prêtres étaient taillés sur son modèle, cette trouvaille serait encore à faire. A quoi bon d'ailleurs? Entendre les aveux mystérieux des femmes — des dames, si le nom de femme effarouche d'aristocratiques oreilles, — alors qu'elles pèchent à tout instant contre la modestie, contre les convenances, qu'elles le savent puisqu'elles s'en confessent, ce qui ne les empêche pas de continuer. On entre dans la maison du bon Dieu, les yeux baissés, la voilette noire sur le visage, on ose à peine découvrir le bout d'une oreille où brille le diamant, les dents blanches qui croquent des pastilles de chocolat; on prend l'attitude humble de la chrétienne qui se cache la face et, au sortir du sermon le jour suivant, on se montre en soirée dans le monde, plus belle, plus éblouissante que jamais, les épaules et la gorge nues, décolletée jusque..... Jusqu'où n'est-on pas décolletée aujourd'hui?

Voilà le ton du prédicateur de Saint-Nicolas. Un murmure, respectueux eu égard à la sainteté du lieu, se laisse-t-il entendre ou plutôt deviner, il s'emporte : « On murmure, je crois, là-bas : quelqu'un n'est pas content : que vient-il faire ici ? » Ces habiletés oratoires font leur effet, mais à quoi aboutissent-elles ?

Il paraît que les femmes n'ont pas voulu se confesser à un dominicain si peu endurant, qui n'a pas pris leur heure, mais qui a voulu leur imposer la sienne.

— Y pensez-vous, ma chère ? Il ne confesse que le matin, de dix heures à onze heures et demie, juste au moment du repas ?

— Autant dire qu'il ne veut pas de nous. Comprend-on qu'il refuse de confesser le soir ? Il a dit l'autre jour qu'il n'était pas un oiseau nocturne.

Et, le croiriez-vous, serment prêté, serment tenu. La coterie en cotillon n'est pas allée à confesse au R. P. Olivier, pour lui apprendre à vivre, comme Gros-Jean voulant en remontrer à son curé, mais (qui ne reconnaîtrait là l'éternel féminin ?) ces dames qui n'allaient pas à confesse à lui, ont monté la garde dans le voisinage pour savoir si beaucoup de pénitentes s'y rendraient quand même et pour les compter.

Dame ! se risquer à pareil confesseur, c'était jouer gros jeu. Songez un peu, s'il avait imposé à ses pénitentes l'exemple de saint Macaire d'Alexandrie qui passait tous les carêmes debout sans dormir, sans boire et sans manger autre chose qu'une feuille de chou cru le dimanche seulement, alors que ces dames diraient plus volontiers avec Erasme, qui ne se soumettait aux exigences religieuses que tous les trente-six carêmes :

— J'ai l'âme catholique, mais j'ai l'estomac luthérien.

A la *gentry* côté masculin, à ces beaux messieurs qui battent le pavé, en pantalon bleu ciel, en gilet à fleurs, en veston court, en cravate aurore boréale, avec un fer à cheval en guise d'épingle, le R. P. Olivier a reproché leur inutilité, leur paresse. A quoi sert d'étaler des titres de noblesse, de faire des embarras en se prétendant ducs, barons ou marquis, descendants des croisés quand on passe sa vie dans le désœuvrement et qu'on flâne dans les boudoirs des demi-mondaines... à attendre son tour?

Ces vigoureuses paroles auront-elles réalisé beaucoup de conversions? J'en doute. Le R. P. Olivier a fait plus de bruit que de besogne, mais il peut se vanter d'avoir fait marcher les langues. Quel dommage que ses sermons n'aient pas été recueillis à la lettre, et en même temps que ses sermons, les réflexions qu'ils suggéraient aux unes et aux autres! Ces commentaires à côté du texte n'auraient pas manqué de piquant et d'originalité et la brochure qui les eût donnés côte à côte se serait vendue comme du pain.

Je l'aurais mise dans ma bibliothèque, à côté d'une plaquette devenue rare, et publiée à Tours (Imprimerie régionale, 3, cour des Prés) en 1872. Cela s'appelle : *Une neuvaine du R. P. Félix*. C'était la réunion, sous un format commode, d'articles parus dans le *Républicain d'Indre-et-Loire*, en réponse aux conférences d'un prédicateur violent à la mode d'alors.

Ces articles, rédigés de main de maître, firent grand bruit à l'époque, et le P. Félix remua ciel et terre (il avait le ciel à sa disposition) pour connaître le nom du vigoureux dialecticien qui ne laissait aucun de ses arguments sans riposte. Il ne le découvrit pas, mais je puis le lui dire aujourd'hui sans compromettre personne.

L'auteur de la *Neuvaine* n'était autre que... M. Laisant, alors capitaine du génie, en garnison à Tours, en activité de service, depuis député de Nantes, à présent député de la Seine.

Ce n'était naturellement pas la première fois qu'il mettait ainsi sa plume au service de ses convictions, mais, à raison des exigences de la discipline militaire, il était tenu à une grande réserve, à l'emploi de pseudonymes discrets. Mais si, feuilletant les journaux de Nantes, parus vers la fin de l'Empire, vous trouviez dans l'*Echo Nantais* des articles signés *Natalis,* ne cherchez pas bien loin quel écrivain se cache sous ce vocable latin. C'est l'anagramme de Laisant qui, de loin, envoyait ses pensées sur les hommes et les choses du temps à un organe du pays natal.

LA RÉVOLUTION DE 1848

Souvenirs d'il y a 40 ans. — Les transes d'un préfet orléaniste. — L'affiche du jour : le *Réveil du Lion*. — Une proclamation démocratique. — Guépin, commissaire du gouvernement dans la Loire-Inférieure. — Un évêque qui se rallie. — Le général de Bar. — Tout le monde républicain. — Le *Moïse* du sculpteur Suc. — Les dénominations des voies publiques. — La presse nantaise en 1848 : quelques feuilles éphémères. — Les élections à la Constituante. — Beaucoup d'appelés : peu d'élus. — L'abbé Fournier et la garde nationale. — La liste démocratique. — Illusions évanouies !

Comment, en lisant l'annonce du dernier banquet commémoratif de la proclamation de la République en 1848, ne me serais-je pas transporté par le souvenir de quarante années en arrière ? comment ne me serais-je pas rappelé avec quel enthousiasme avait été accueillie à Nantes la nouvelle de cette foudroyante révolution ?

Quelque légitime que fût l'espérance de ceux qui applaudissaient à la campagne des banquets, il n'en était peut-être pas un seul qui s'attendît à un effondrement aussi rapide, et ce fut presque par un mouvement d'incrédulité que le public reçut les premières dépêches officielles — il n'y en avait pas d'autres à l'époque — qui annonçaient l'abdication du roi et la régence de la duchesse d'Orléans,

Était-ce bien possible? La préfecture elle-même en doutait, et le préfet d'alors, M. Roulleaux-Dugage, ne pouvait fournir aux officiers supérieurs de la garde nationale, réunis à l'état-major, que des renseignements vagues et insuffisants, sous la forme d'un *speech* qui sentait terriblement les ruines. En leur recommandant de continuer à veiller à l'ordre public, M. Roulleaux-Dugage se réclamait assez inopinément des souvenirs de la grande Révolution :

« — Les traditions de ma famille sont toutes libérales; mon père était conventionnel, et moi, je suis un vétéran de la liberté, un vétéran des barricades! »

Ce préfet, ce défenseur de l'ordre monarchique, se posant en « vétéran des barricades », n'était-ce pas un signe des temps?

Détail piquant, le Grand-Théâtre, ce soir-là, donnait une pièce dont le titre, à défaut du sujet, était tout à fait de circonstance. Cela s'appelait le *Réveil du Lion* et très certainement la censure n'eût pas laissé passer un titre aussi séditieux, si elle avait pu y voir une allusion au réveil du lion populaire. Voici d'ailleurs comme curiosité, l'affiche du spectacle du 24 février non-seulement à la salle Graslin, mais aux Variétés où jouait alors Laurent Franconi, « écuyer breveté du roi des Français et professeur des princes et princesses », comme disait le programme, et sur la place Bretagne où se développait, comme il le fait encore de temps en temps aujourd'hui, le théâtre Adrien.

GRAND-THÉATRE DE NANTES

JEUDI 24 FÉVRIER

Second début de

M. VALGALIER, grand premier ténor

AU BÉNÉFICE DE M. FILODEAU

1re représentation d'

OTHELLO OU LE MORE DE VENISE

Grand-Opéra en quatre actes

Le spectacle commencera par

LE RÉVEIL DU LION

Entre les deux pièces

LA REDOVA

Pas de trois

GYMNASE EQUESTRE DE M. BASTIEN FRANCONI

(Salle des Variétés)

3me représentation de

M. LAURENT FRANCONI

Montant

NORMA

Jument hanovrienne

Manœuvre grecque. — La noce de village.

La Boule indienne

THÉATRE ADRIEN

Place Bretagne

Jeudi 24 février, on commencera à 7 heures

SOIRÉE AMUSANTE

Brillante séance de physique. — Tours d'adresse.

Fantasmagorie

Dès le lendemain matin, vendredi 25, à la première nouvelle de la formation du gouvernement provisoire, et sans attendre plus de détails, une affiche était placardée sur tous les murs de Nantes, lue par des groupes nombreux qui en approuvaient bien haut la teneur, tant s'étaient vite évanouis les derniers partisans de la dynastie de Juillet. Voici le texte de cette affiche :

LA COMMISSION DÉMOCRATIQUE NANTAISE
AUX MEMBRES
DU NOUVEAU GOUVERNEMENT

Une révolution sans égale dans l'histoire, aussi glorieuse et plus rapide encore que celle de 1830, vient d'être accomplie par l'héroïque population de Paris, avec le concours d'une partie de l'armée de Paris.

Le résultat de ces prodigieux efforts et du noble sang répandu pour la sainte cause du droit et de la liberté, a été l'établissement du gouvernement dont vous êtes membres.

Dans ces circonstances solennelles, la commission démocratique vient, au nom du peuple de Nantes, vous offrir son dévouement et ses félicitations.

Fort comme le droit et beau comme la liberté, que le règne de la nation se fonde par l'amour et la concorde !

Vive le gouvernement Républicain !

Vive la souveraineté du Peuple !

ROCHER, GUÉPIN, B. DUREAU, MANGIN père, GUIBERTEAU, CLÉMENCEAU, BLANCHARD, MANGIN fils, ERIAU (1).

Des signataires de cette affiche, la première qui saluât ici

(1) M. Clémenceau, dont le nom figure au bas de cette affiche, est le père du député actuel du Var.

l'avènement de la République, quelques-uns vivent encore, qui pourraient dire, comme moi, l'enthousiasme avec lequel fut acclamée la chute de la monarchie. Dès onze heures du matin, des groupes se formèrent sur la place Royale, aux cris de : *Vive la liberté! vive le gouvernement républicain!* ils se disposèrent bientôt en un cortége imposant qui, au chant de la *Marseillaise*, parcourut la rue Crébillon, la rue Voltaire, jusqu'à la rue Mazagran et la Fosse, pour venir rompre ses rangs au point de départ.

La mauvaise volonté du préfet, Roulleaux-Dugage, ne fut pas de bien longue durée. Par décret du 27 février, le citoyen Guépin était nommé commissaire du gouvernement dans la Loire-Inférieure avec mission de prendre toutes les mesures d'ordre et de salut public qu'il jugerait nécessaires. Peu de temps après le maire, Ferdinand Favre, qui, après quelques hésitations, s'était décidé à faire contre fortune bon cœur, était à son tour remplacé par M. Evariste Colombel.

Plus adroit politique, l'évêque de Nantes avait conseillé à son clergé d'accepter les faits accomplis dans une circulaire pastorale, empreinte d'un esprit de modération introuvable aujourd'hui parmi les ecclésiastiques. Voici quels en étaient les principaux passages :

Nantes, 27 février 1848.

Monsieur et cher coopérateur,

Vous connaissez les événements qui viennent de s'accomplir à Paris.

Dans des circonstances aussi graves, il est de notre devoir de vous rappeler que notre mission est de nous occuper exclusivement de l'intérêt spirituel des âmes, et que, quant aux questions d'ordre politique ou temporel, nous devons laisser à la Providence le soin de les résoudre dans son infinie sagesse; *Tua, Pater, Providentia gubernat* (Sap. 14.3)....

Appliquons-nous à nous renfermer de plus en plus dans les limites de ces principes. Abstenons-nous de nous immiscer dans les affaires de ce monde : *De mundo non sunt* (Joan. 17.16). Évitons tout jugement, toute appréciation, tous commentaires qui auraient trait à des événements auxquels nous n'avons pas à prendre part, et qu'en toute chose notre conduite soit telle que même celui qui nous serait opposé n'y trouve rien à reprendre : *Ut is qui ex adverso est vereatur nihil habens malum dicere de nobis* (ad. tit. 2. 8).

Vous éviterez avec un soin extrême tout ce qui pourrait donner lieu au moindre conflit entre vous et les autorités locales, tout acte, toute mesure qui pourrait froisser les populations, vous appliquant, au contraire, à maintenir entre tous la plus parfaite harmonie possible.

† J. FRANÇOIS, ÉVÊQUE DE NANTES.

L'adhésion du général de division avait été des plus chaleureuses et vous pouvez juger de la lettre écrite par lui au préfet par l'ordre suivant qu'à quelques jours de là il adressait aux troupes :

XIIe Division Militaire

2 Mars 1848.

ORDRE

J'ai reçu successivement de tous les points de la division et transmis au ministre de la guerre les actes constatant l'adhésion franche et unanime de tous les corps au gouvernement provisoire de la République.

J'ai instruit, en même temps, le ministre que dans toutes les garnisons l'ordre et la discipline n'avaient pas été un seul instant ébranlés.

Soldats, une ère nouvelle vient de s'ouvrir devant vous ; vous êtes affranchis de toutes les anxiétés où les commotions politiques vous ont plongés tant de fois. Vos obligations sont régulièrement tracées, et c'est pour la patrie seule que votre courage et l'emploi de vos armes peuvent être désormais réclamés.

Au quartier-général à Nantes.

Le général de division

DE BAR.

Pour ampliation :

Le lieutenant-colonel, chef d'état-major.

DE SURINEAU.

Partout on faisait disparaître les souvenirs de la monarchie évanouie. A la statue de Louis XVI, plus d'un artiste songeait à substituer celle de la Liberté ; la *Société royale académique* supprimait le mot *royale* de son titre et faisait enlever de la salle de ses séances le buste de Louis-Philippe. On mettait sous sequestre les propriétés du duc d'Aumale dans l'arrondissement de Châteaubriant. Les monuments publics recevaient l'inscription de *Liberté, Egalité, Fraternité.* Suc, l'éminent sculpteur, exposait son *Moïse*, foulant aux pieds le veau d'or et indiquant ce verset du Deutéronome, tout d'actualité à la veille des élections :

« Choisissez parmi vous des hommes qui ont donné des » preuves de sagesse et d'intelligence dans vos tribus, afin » que je les établisse vos chefs. »

Un arrêté municipal modifiait les appellations de quelques voies publiques. C'était d'abord la rue du Collége Royal qui devenait la rue du Lycée, puis — je présente la chose sous forme d'un tableau :

Place Louis XVI...............	Place de la Liberté.
Rue Royale.....................	Rue du Département.
Place Royale.........	Place de l'Egalité.
Rue d'Orléans...	Rue du Peuple.
Pont d'Orléans	Pont du Peuple.
Quai d'Orléans........	Quai Lamartine.
Cours Henri IV............... .	Cours Napoléon.

Cette dernière métamorphose n'était pas des moins piquantes : substituer Napoléon à Henri IV, n'était-ce pas changer, selon l'expression vulgaire, son cheval borgne pour un aveugle ? et pourtant, le souvenir du premier consul était resté si vivace dans le parti républicain que la presse démocratique de Nantes ne fit pas d'objection contre ce baptême d'un nouveau genre.

Les journaux qui paraissaient alors étaient le *National de l'Ouest*, devenu depuis le *Phare de la Loire*, qui soutenait vigoureusement la politique de Ledru-Rollin; l'*Hermine* dont le titre suffirait à indiquer les tendances royalistes ; le *Courrier de Nantes*, *l'Alliance*, *le Breton*. Mais, comme il arrive toujours avec la liberté de la presse, un certain nombre de petites feuilles plus ou moins éphémères firent leur apparition dans les carrefours de la ville.

C'était, pour ne citer que les plus curieuses et les plus rares, — quelques collectionneurs pourtant les possèdent — le *Cri public*, petit messager républicain à cinq centimes, qui parut le 16 mars ; l'*Electeur républicain*, qui s'appelait en sous-titre, « journal des clubs et de l'organisation du tra- » vail, » avec M. Adolphe Bobierre, comme rédacteur en chef, et M. Ambroise Biton, comme gérant ; la *Voix des Clubs*, par M. de Saint-Cérand : le *Bien public* ; le *Messager nantais* ; l'*Etoile du peuple*, fondé par M. de Fourmont, mort il y a quelques années sous-bibliothécaire de notre bibliothèque publique, et rédigé par M. Emerand de la Rochette, qui devait plus tard devenir rédacteur en chef de l'*Espérance du Peuple*.

Il fallait songer pourtant aux élections législatives du 20 avril suivant, choisir des candidats, faire un peu de propagande, tenter le succès. La Loire-Inférieure devait élire treize députés au scrutin de liste. Il y eut plus de cinquante candidats de toutes nuances qui inondèrent le département de leurs professions de foi.

« Si j'entre à l'Assemblée nationale, disait M. Billault (le » futur ministre de la justice impériale), ce sera pour y tra- » vailler résolument, efficacement à la fondation régulière » et définitive en France du gouvernement républicain. » Rêver une restauration monarchique serait insensé. »

De Générès-Sourville, sous-commissaire de la marine, se posait en orateur *infatigable*. Evariste Boulay-Paty se recommandait de son père, ancien représentant du peuple, proscrit au Dix-Huit Brumaire ; Julien, le conventionnel venu à Nantes en 1793 pour y exécuter les décisions de la Convention contre Carrier, espérait que la population se souviendrait de sa conduite à cette époque.

C'était encore Pouponneau, maire de Couëron, ancien président de la Société des Droits de l'Homme, en 1834, homme énergique et capable, petit-parent de Victor Hugo ; W. Arnous-Rivière, conseiller général de Varades, dont la profession de foi était des plus accentuées comme républicanisme ; Paulin Lavallée, qui refusait d'en faire une, sous prétexte qu'un honnête homme devait être cru sur parole ;

G. Lafond, dont le père, en brumaire an II, s'était courageusement battu comme chef de bataillon, contre les chouans à Angers, au Mans, à Savenay; Pitre Chevalier, l'historien de la *Bretagne ancienne et moderne* et beaucoup d'autres appartenant à toutes les classes de la population.

Victor Lanjuinais, qui avait été député de la Loire-Inférieure et qui devait l'être encore, saluait la chute du trône écroulé sous le poids de ses fautes : « La République, disait-» il, n'a rien à redouter d'institutions largement démocra-» tiques, et, se reposant dans sa force, elle pourra s'élancer » dans la carrière de tous les progrès et aborder avec con-» fiance les questions qui se rattachent à l'amélioration du » sort des travailleurs. »

Ce fut lui qui passa le premier en tête de liste avec 113,074 suffrages : en même temps que lui MM. Braheix aîné, négociant, Bedeau, général de division, qui était vice-président de l'Assemblée législative au moment du coup d'Etat du Deux-Décembre ; Billault dont la statue se couvre de rouille depuis dix-sept ans dans les sous-sols du Palais-de-Justice ; Waldeck-Rousseau, qui devait faire le rapport sur l'élection du prince Louis-Napoléon Bonaparte à la présidence de la République; Olivier de Sesmaisons, propriétaire; Ferdinand Favre, qui mourut sénateur de l'Empire; l'abbé Fournier, curé de Saint-Nicolas (1), plus tard évêque de Nantes, un *buchezien* de la veille; Desmars, avocat à Savenay; de Granville, propriétaire; l'avoué Favreau, Camus de la Guibourgère et Ernest de la Rochette qui, député sous

(1) M. le curé Fournier avait obtenu 81,719 voix comme député ; huit jours auparavant, il avait réuni treize suffrages comme.... chef de bataillon de la garde nationale. Louis Philippe avait aussi récolté quelques voix.

la seconde République, ne s'attendait guère alors à mourir, vingt-huit ans après, sénateur inamovible sous la troisième.

C'était la réaction à peine déguisée qui triomphait haut la main, puisque le dernier de ses candidats réunissait, en chiffres ronds, trente mille voix de plus que le plus favorisé des candidats républicains. Voici comment était composée la liste sincèrement démocratique :

Ledru-Rollin, membre du gouvernement provisoire.
Rocher, commissaire général de la République.
A. Guépin, docteur-médecin.
Victor Mangin fils, publiciste.
Baptiste Dureau, industriel, adjoint au Maire.
Jules Guiberteau, professeur.
Suire, ouvrier typographe. }
Douard, ouvrier menuisier. } Candidats des corporations.
Chartier, ouvrier chapelier. }
Ch. Moll, sous-directeur à Indret.
Vincent Bachelot, maire de Piriac.
Jaunet aîné, négociant à Pornic.
Pitre Merlaud, propriétaire à Ancenis.

Sur d'autres listes républicaines, quelques-uns de ces noms avaient fait place à des choix également fort démocratiques, mais qui n'avaient guère mieux réussi.

Cet échec découragea complètement le parti républicain avancé dans la Loire-Inférieure. Il combattit encore, mais il ne combattit plus que pour la gloire et l'honneur du drapeau, sans espoir d'arriver facilement à rompre les mailles serrées du filet aristocratique et clérical qui s'étendait sur tout le département.

Les choses ont-elles bien changé depuis ?

CHARLES BATTAILLE

Charles Battaille, médecin et chanteur. — Ses débuts aux Beaux-Arts. — *Guerre aux tyrans!* — Un enfant-trouvé d'un nouveau genre. — Le tour du tour. — Un trio nantais : Battaille, Jules Verne, Hignard. — *Les Gabiers* et *les Pailles Rompues.* — L'inauguration de la galerie de Feltre au musée de peinture. — Un mot sur Clarke de Feltre. — Un concert en 1854. — Maria la Milanaise. — Le dernier concert de Battaille. — Battaille, sous-préfet d'Ancenis. — Pierre-le-Grand, dans l'*Etoile du Nord.*

Une des physionomies contemporaines qui font le plus d'honneur à la ville de Nantes, et qui me rappellent à moi-même les souvenirs toujours si agréables de la jeunesse, est assurément celle du chanteur Charles Battaille.

C'était, sous une enveloppe un peu rude, une des organisations intellectuelles les plus remarquables que j'aie jamais rencontrées, sachant s'assimiler mieux que personne les connaissances les plus diverses avec un égal succès. Médecin de mérite, chanteur éminent, orateur de premier ordre, conférencier goûté des salles de la rue de la Paix et du Grand-Orient, professeur et auteur tout à la fois, capable de dire ce qu'il savait, capable de l'écrire, capable de l'enseigner, administrateur politique aussi distingué que cent autres qui en avaient fait l'objet d'études spéciales, Battaille, dans sa trop courte existence (30 septembre 1822 — 2 mai 1872) a laissé une trace lumineuse comme ces météores brillants qui traversent l'espace avant de se perdre dans la nuit.

Je l'avais connu à Paris au moment où il allait y étudier le chant au Conservatoire, dont il devait devenir un jour l'un des plus éminents professeurs. Ses débuts comme chanteur avaient pourtant eu lieu à Nantes même, à la Société des Beaux-Arts et, dès le premier jour, contrairement au proverbe et à l'habitude, il avait été prophète dans son pays. Cette Société, digne alors en tous points du titre qu'elle avait choisi (je parle de longtemps!) organisait régulièrement tous les hivers des séances musicales dont ses membres, amateurs distingués pour la plupart, constituaient les principaux éléments et où ils payaient bravement de leur personne et de leur talent. Le public, féminin surtout, qui recherchait ces invitations avec autant d'empressement qu'il en met aujourd'hui à s'esquiver par la tangente, avait été un jour surpris et en même temps *empoigné* par l'éclat d'une voix de basse-taille qu'il ne connaissait pas encore. Ce soir là, on chantait pour la première fois, sinon à Nantes, du moins au concert des Beaux-Arts, le chœur aujourd'hui quelque peu démodé, mais à peine connu à cette époque et d'un effet si puissant d'un opéra nouveau d'Halévy, *Charles VI*. Ce fut, je m'en souviens, une véritable révélation, quand on vit un jeune homme, — qui ne manquait pas d'une certaine assurance naturelle, comme s'il avait eu l'intuition de l'avenir artistique qui l'attendait — s'avancer sur l'estrade et qu'on l'entendit déclamer d'une voix superbement timbrée et avec un réel sentiment de l'art de la diction, la fameuse phrase qui précède le chœur patriotique de *Guerre aux tyrans!* si fort en faveur au lendemain de la Révolution de 1848 :

Je suis seul, partant libre, et sans que je déplaise
Au plus grand saint du Paradis,
Contre ces étrangers maudits
Je veux m'en donner à mon aise.
Honte et malheur sur eux !

LE CHŒUR

Oui, malheur !

MARCEL

Chantez-nous cette chanson française !
Raymond, vous nous connaissez tous.

RAYMOND

Va donc pour la chanson française,
Au refrain je compte sur vous.

Et il chanta merveilleusement, sans embarras comme sans désinvolture, en débutant entraîné par l'élan charmant d'une vocation qui devait dépasser toutes les espérances de ses amis et de ses maîtres.

A peine avait-il terminé que les applaudissements arrachés même aux plus difficiles, éclataient de toutes parts avec un enthousiasme irrésistible.

— Mais qui est-ce? demandait-on. — Le connaissez-vous?

— Certainement. C'est le fils d'un médecin de notre ville. — Mais lui-même? — Il étudie la médecine comme son père. — Son nom? — Battaille. — Mais c'est là un nom de guerre? — Si vous voulez, en tous cas, c'est le sien.

Battaille était lancé. Il partit pour Paris, obtint comme lauréat au Conservatoire les plus brillants succès et aussitôt après, un engagement d'emblée à l'Opéra-Comique où vous me permettrez, n'est-ce pas? de ne pas le suivre.

Un souvenir pourtant qui date de loin, de l'époque où habitué à faire des escapades, en sa qualité d'étudiant en médecine, il avait motivé contre les internes qui s'attarderaient le soir les règlements les plus sévères. Comme de juste, en dépit de ces règlements, Battaille se trouva un beau soir en face d'une porte hermétiquement close et dont tous les : *Sésame, ouvre-toi!* ne parvenaient pas à vaincre l'immobilité.

Il eut alors l'idée lumineuse de songer au coup de sonnette traditionnel qui donnait l'éveil — les tours existaient encore à cette époque, — à la religieuse chargée de recueillir les enfants trouvés. Elle répondit pieusement à cet appel, et notre Battaille grimpé sur le tour et pelotonné de façon à se faire le plus petit possible, rentrait par cette porte d'un nouveau genre que l'administration des hospices n'avait pas songé à consigner aux internes en retard.

Vous jugez de la surprise de la religieuse à la vue de ce grand nouveau-né inattendu.

— Silence! ma sœur, fit Battaille, n'en dites rien, je ne le ferai plus!

Elle promit de n'en rien dire... et voilà comment l'histoire en est venue aux oreilles de notre génération.

A ses débuts à Paris, Battaille eut notamment pour compagnons de travail, de lutte et de recherche d'art dans des genres différents, deux autres Nantais : Jules Verne et Aristide Hignard, l'un arrivé depuis longtemps, grâce à ses romans de vulgarisation scientifique, à la célébrité et à la fortune, l'autre, resté, jusqu'à ces derniers jours, inconnu, ignoré et dont l'œuvre maîtresse, un *Hamlet* composé et gravé avant celui d'Ambroise Thomas, vient seulement d'affronter, avec un légitime succès, le feu de la rampe au théâtre Graslin, en l'an de grâce 1888... après vingt ans d'attente.

Ainsi va la vie! mais les trois camarades ne se doutaient guère du sort qu'elle leur réservait, quand ils étaient encore joyeux, dans le rayonnement de leurs premières années.

S'il fallait donner une preuve de cette amitié touchante, je la trouverais dans certaine chanson maritime, très pittoresque, intitulée les *Gabiers*, et qui, interprétée alors à la perfection par Battaille (à qui elle était dédiée), avait pour auteur des paroles Jules Verne et Aristide Hignard pour auteur de la musique — touchante fraternité et expression des divers talents des trois compatriotes destinés à honorer leur ville d'origine.

Voici le refrain et le premier couplet de la chanson de Jules Verne, qui n'en a vraisemblablement pas fait beaucoup d'autres depuis (1) :

(1) Se rappelle-t-on une comédie de lui, en un acte et en vers, les *Pailles Rompues*, représentée pour la première fois à Paris, le 12 juin 1850, sur le Théâtre Historique dont il était, du reste, le secrétaire, et dédiée à Alexandre Dumas fils? Elle est des mieux tournées, originale comme fond, agréable comme forme, et fait vraiment regretter que Jules Verne n'ait pas employé, pour la scène, sa merveilleuse imagination. Qui sait ce qu'il fût devenu comme auteur dramatique?

LES GABIERS

CHANSON MARITIME

Refrain

Hardis matelots,
Montez dans la hune,
Pour chercher la dune
Au milieu des flots.
Alerte
Alerte, enfants ! alerte !
Le ciel est bleu, la mer est verte ;
Alerte ! alerte !

Premier couplet

En partant du bord
Vous voyiez naguère
Pleurer sur le port
Votre vieille mère !
Dans son triste adieu,
A la Sainte-Vierge
Elle a fait le vœu
De brûler un cierge,
Si son pauvre fils
Sauvé de l'orage
Revient au pays,
Revient au rivage.

J'ai revu Battaille à Nantes plusieurs fois. Je ne vous parlerai pas du succès prodigieux qu'il obtint dans le rôle de Falstaff, du *Songe d'une nuit d'été*, qu'il sut créer avec une telle maestria et une telle désinvolture, que Shakespeare n'aurait jamais pu rêver, pour rendre le type de ce grand et gros buveur anglais, une plus saisissante interprétation; mais je l'ai entendu, si ma mémoire est bien fidèle, à ce concert unique donné par la ville de Nantes, en 1854, avec un luxe qu'elle a désappris depuis, lors de l'inauguration de la galerie de Feltre, du Musée de peinture. C'était, du reste, une des conditions du cadeau qu'elle recevait des frères Clarke de Feltre. L'un d'eux, comme vous savez, s'intéressait à la peinture et avait réuni cette collection qui devait augmenter d'autant les richesses de notre Musée. L'autre était compositeur, et je possède même, dans un coin de ma bibliothèque, l'un de ses recueils, *Un roman de jeune fille*, paroles de M. Emile Barateau, un spécialiste qui a eu son heure de célébrité. Il était entendu, aux termes de la donation, que, tous les ans, la ville organiserait un concert où seraient exécutées quelques-unes des œuvres d'Alphonse de Feltre. Cet engagement ne fut tenu qu'une fois à ma connaissance; mais je dois ajouter que, cette fois-là, il fut bien tenu, et que le concert de 1854 fut un des plus beaux qui soient restés dans la mémoire des dilettantes. Il y avait là : Roger le ténor, Battaille, Marie Cabel, le violoniste Alard, les sœurs Dulken, dont l'une, Sophie, devint plus tard la princesse Radziwill. Des critiques parisiens — Fiorentino, alors dans tout son éclat, Escudier, Heugel, d'autres encore — étaient venus de Paris tout exprès pour assister à cette solennité musicale.

Le souper qui suivit et qui avait réuni ce que Nantes comptait de notabilités artistiques dans tous les genres, est resté célèbre, surtout quand, au second service, les convives séduits déjà par l'entrain et la faconde brillante de Fiorentino, virent entrer dans la salle du festin une superbe fille qui battait le pavé de Nantes en jouant, avec un talent extraordinaire et naturel, du tambour de basque. Les yeux gris perle, les cheveux noirs, tirant sur le violet, le regard langoureux sous de longs cils noirs, c'était une admirable créature que cette Maria la Milanaise qui était peut-être des environs de Grenade, à moins qu'elle ne fût d'origine britannique, comme on le disait aussi.

Fiorentino, alors tout puissant, lui promit son appui et fit engager à Paris cette *tambourinaire* qui eut rendu des points, n'en déplaise à M. Alphonse Daudet, au personnage identique créé par lui dans *Numa Roumestan*.

J'ai revu Battaille sur la scène à Nantes pour la dernière fois en 1870. Il avait pourtant déserté les planches depuis bien longtemps et n'était resté que professeur au Conservatoire, mais il avait tenu à se faire entendre au concert d'une jeune violoniste suédoise, Mlle Norman Nerudda, à l'avenir de laquelle il s'intéressait.

Qui m'eût dit qu'à quelque temps de là, je retrouverais le cher Battaille à la tête non plus des jeunes élèves du Conservatoire, mais d'une circonscription administrative, préparant lui aussi dans la limite de ses forces, la défense nationale et prêtant au gouvernement de la République son concours le plus dévoué. Je le vois encore grimpant l'escalier étroit et sombre qui, des bureaux d'administration, conduisait à la rédaction du *Phare de la Loire*, alors installé rue des Capucins et venant raconter, à cheval sur une chaise, une grosse pipe à la bouche, les difficultés de toute sorte qu'il rencontrait dans son arrondissement. Il ne quittait plus son képi de sous-préfet qui, tout couvert de broderies, lui donnait l'air de quelque officier supérieur et lui assurait, bien plus que son titre civil, le respect de ses administrés. Il avait été un moment question de procéder dans les premiers jours d'octobre à l'élection d'une Assemblée nationale — peut-être eût-on bien fait. — Il écrivait alors :

Ancenis, 5 octobre 1870.

Devant la réaction dangereuse qui lève effrontément la tête, il faut bien du sang-froid et bien de l'énergie à celui qui acceptera, après Guépin (l'honorable docteur venait de donner sa démission) le poste de préfet de la Loire-Inférieure. Il faudrait en écarter les tièdes et les fous et penser aux hommes dont la poigne est froide et solide.

Pour moi, je suis invité dans mon arrondissement à me présenter comme candidat à la Constituante. Mais je laisse passer devant les gens pressés.

J'attendrai la *Convention !*

Amitiés sincères de

CH. BATTAILLE .·.

Il se laissa pourtant inscrire sur une des listes en présence, mais n'obtint aux élections du 8 février 1871 qu'une insignifiante minorité. Il méritait mieux cependant, il y comptait, les honneurs politiques lui souriaient, puisque c'étaient les seuls qui lui manquaient encore, et qui sait si les déceptions qu'il eut alors à subir, ne hâtèrent pas sa fin prématurément arrivée en 1872.

Quant à moi qui ai conservé à sa mémoire un souvenir si vivace, je n'entre pas au cercle des Beaux-Arts — où il débuta si brillamment — sans m'arrêter un instant devant son portrait dans le costume de *Pierre* de *l'Étoile du Nord*, qui décore une des salles peu fréquentées d'ailleurs et sans saluer avec une douloureuse sympathie cet ami d'autrefois, auquel semble sourire aussi dans le cadre qui lui fait face, la belle Mlle Masson, en burnous blanc.

Pauvres oubliés de jadis ! qui donc songe encore à Bataille ? qui donc feuillette les œuvres du comte Alphonse de Feltre, musicien distingué pourtant et d'une réelle valeur, qui eut de son vivant son heure de renom ? Qui pense à faire revivre, à remettre en lumière ses compositions ? Que d'œuvres ainsi déshéritées ! Et tandis que la précieuse collection de tableaux, poursuivie, recueillie avec tant de soins persévérants par l'autre frère de Feltre et léguée à notre musée, est là facilement accessible, sous les yeux du public, l'œuvre musicale d'Alphonse de Feltre sommeille, reléguée dans quelque coin de la bibliothèque de la société des Beaux-Arts qui en est la dépositaire hélas ! trop soigneuse. Comment de tels oublis ne remettraient-ils pas en mémoire cet appel mélancolique du poète :

Compagnons dispersés de mon triste voyage,
O mes amis ! ô vous qui me fûtes si chers,
De mes chants imparfaits recueillez l'héritage
Et sauvez de l'oubli quelques-uns de mes vers.

PRÉVOST-PARADOL A NANTES

Les élections de 1869 à Nantes. — Le père Guépin et le baron. — La candidature de Prévost-Paradol. — Ses lettres à Ludovic Halévy. — Une réunion à la Bourse. — Le *vrai métier* de Paradol. — Un nouveau mot dans la langue française : les *Paradoliens*.

Je me rappelle, comme si la chose ne datait que d'hier, les fameuses élections législatives de 1869, qui sonnèrent si puissamment en France le réveil de l'idée libérale. A Nantes, dans notre cité débonnaire et froide, elles furent particulièrement vives : peu s'en fallut que le candidat officiel, M. Emile Gaudin, ne restât sur le carreau et certes, si la bienveillance de l'Administration ne lui avait déchiqueté sur la carte du département, pour annihiler les votes de la ville, une circonscription fantaisiste, où il faisait la pluie et le beau temps, le châtelain du Hallay restait bel et bien chez lui à surveiller ses muscadets de la Haie-Fouassière.

Il avait pour concurrents le docteur Guépin et le baron (quand à Nantes on a dit le baron, c'est du baron de Lareinty qu'il s'agit) qui posait alors pour le libéral à outrance, demandait l'élection des maires au suffrage universel et patati et patata. Mais en dehors de ces deux noms tout indiqués, on parlait encore dans la bourgeoisie de l'éventualité d'une troisième candidature, moins écarlate que celle de Guépin, moins blanche que celle de M. de Lareinty : quelque chose comme des fraises écrasées dans un plat de crême. un entremets sucré aux tons rosés qui rallierait tous les suffrages.

Ce fut pourtant une vraie surprise dans la démocratie quand on apprit le nom du candidat soi-disant républicain qu'un certain clan songeait à substituer au docteur Guépin. Comment! c'était Prévost-Paradol, de l'Académie-Française, le lettré délicat du *Courrier du Dimanche*, le collaborateur du *Journal des Débats*, le compagnon de voyages et de plaisirs de Grammont-Caderousse, celui qui avait mérité le surnom significatif de Rochefort des salons, c'était lui qui allait affronter le suffrage universel, les *masses profondes*, comme on dit aujourd'hui, et engager la lutte contre le vétéran de la démocratie nantaise. Evidemment, comme littérateur, Prévost-Paradol l'emportait sur le docteur Guépin, mais il s'agissait alors de bien autre chose que de formuler contre l'Empire une protestation académique. La démocratie nantaise devait à son chef, à celui que nous appelions tous le *père Guépin*, avec un respect vraiment filial, une marque de reconnaissance affectueuse, et elle eût été bien ingrate de lui préférer un Parisien de l'Institut, aristocrate jusqu'au bout des ongles et dont le libéralisme n'allait certainement pas au-delà de cette devise commode : *Tout pour le peuple, mais rien par le peuple !*

Le premier tour de scrutin avait lieu le dimanche 23 mai, mais Prévost-Paradol était arrivé à Nantes presque au début de la période électorale et s'était mis à l'œuvre. Loin de moi la pensée de rappeler ce que furent ici ses conférences, les réunions politiques organisées par ses patrons, la polémique d'alors, ces souvenirs sont encore vivaces et présents à la pensée de tous. Mais ce qui m'a semblé plus intéressant, c'est de vous retracer, à l'aide de la correspondance même de Prévost-Paradol, comment il appréciait personnellement ses alliés, ses adversaires, et quelle fut sa propre attitude dans la lutte. Il n'est pas, que je sache, de condamnation plus éclatante de la candidature Paradol que ces lettres intimes signées de lui.

Elles sont adressées toutes à son meilleur ami, Ludovic Halévy, qu'il n'oubliait pas au milieu même de la bataille, et, sans être absolument inédites, elles sont assez peu connues du public en général et des électeurs de Nantes en particulier pour que je puisse les reproduire à mon tour. Voici la première de ces lettres qui appartiennent à l'histoire de notre cité :

Nantes, dimanche 9 mai 1869.

CHER LUDOVIC,

J'aimerais mieux courir le Bois à cheval avec toi, même sur un petit arabe, que d'être candidat ici ou ailleurs.

Oh ! mon cher Ludovic, comme je serai consolé aisément si j'échoue. Pour quelques bons Français éclairés et honnêtes, dont la vue réjouit le cœur, combien de vilaines gens et surtout d'imbéciles, car après tout les sentiments vraiment mauvais sont rares, mais la bêtise est maîtresse du monde. Tu n'imagines pas ce que sont les cléricaux d'ici comme on les appelle, et le parti avancé est plus sot encore. Les uns veulent qu'on leur promette d'abolir l'armée et les impôts ; les autres mettent tout sous les pieds du pape. Et quand on pense que la France en est partout là, comment être tenté de mettre la main aux affaires dans ces temps-ci ?

Je parlerai ce soir de mon mieux, mais je ne ferai ni une concession ni un mensonge. Je le voudrais que tu sais que je ne le pourrais pas, tant ma nature s'y refuse.

Je me montrerai bien tel que je suis, et si je ne leur conviens pas et qu'ils me laissent académiciser comme devant, je serai loin de m'en plaindre.

Je fais toutes sortes de beaux et doux projets en cas d'échec, et, à quarante ans, il est largement temps de commencer une vie nouvelle.

Néanmoins, je vais combattre comme un lion, et si je suis nommé, tu sais que je prendrai la bataille au sérieux ; mais quelle vraie délivrance si je ne le suis pas !

Mille tendresses,

ANATOLE.

L'opposition bien naturelle du *parti avancé* rendait Paradol injuste à son égard jusqu'à l'impolitesse. Aujourd'hui que les années se sont accumulées sur ces événements, n'est-il pas permis de dire qu'avec tout son esprit, c'est Prévost-Paradol qui, en se ralliant à l'Empire sur son déclin, a commis une erreur, chèrement payée de son sang, et que le *parti avancé* n'eût jamais faite ? Il est plus facile de traiter ses adversaires de *sots* que d'éviter soi-même des *sottises* politiques : celui qui s'apprêtait à combattre comme un lion, ne devait pas tarder à se laisser prendre aux filets de l'Empire et à y perdre ses redoutables griffes.

La seconde lettre est d'allure plus vive : il sort de la mêlée oratoire et c'est presque sur la corbeille de la Bourse de Nantes où il vient de parler qu'il écrit ses impressions de candidat :

Nantes, mardi 11 mai 1869.

MON CHER LUDOVIC,

La soirée d'hier a été bien amusante.

Figure-toi la Bourse remplie de plus de deux mille personnes, une estrade, une tribune, un commissaire de police et un tapage d'enfer pendant une demi-heure. J'étais là, les bras croisés, attendant le silence, et il me semblait aussi impossible d'être entendu qu'en pleine mer. Mais, quand j'ai compris que c'était des Guépinsistes et des Lareintistes qui avaient résolu de m'empêcher de parler, la colère m'a pris et j'ai commencé si haut et si clair que le silence est venu et que j'ai parlé deux heures avec un vrai succès. Je ne voyais plus rien que la chose à dire et l'effet produit, et j'ai découvert avec plaisir que c'est *mon vrai métier.*

Tu verras probablement dans les journaux un abrégé bien maigre de tout ce que j'ai dit là : mais j'ai été bien surpris en relisant ce matin les notes d'un avocat d'avoir pu parler comme je l'ai fait. Malgré tout ce qu'on me dit de mon succès, je ne crois pas l'effet très favorable. J'ai été vraiment éloquent, parce que j'ai été dur et insolent pour des adversaires que je croyais voir en face et que j'avais un plaisir extrême à mettre en déroute.

Cher Ludovic, je sens que je plais de plus en plus et beaucoup à tous les gens sensés et honnêtes de Nantes : mais la queue gauche et la queue droite m'exècrent et avec grande raison. Le commissaire n'a rien dit et le préfet ne bouge pas. Les Bretons sont le plus sérieux et le plus indépendant des peuples. On les ménage comme sous les anciens rois ; ils sont très libres par caractère et parce qu'on les connaît. Ce sont d'ailleurs de braves gens.

A toi de cœur,

ANATOLE.

Son vrai métier, il était tout autre; non, il n'était pas

taillé pour la lutte avec la multitude, avec ce Monsieur Tout-le-Monde — le *Herr Omnes* de Luther — qui, ayant déjà plus d'esprit que M. de Voltaire, en avait aussi plus que M. Prévost-Paradol.

Nantes comptait alors comme à présent, nombre de gens sensés et honnêtes qui n'avaient pas voté pour Paradol, ce qu'il appelait dédaigneusement la queue gauche; ces gens-là formaient à la fois la tête, le milieu du corps et la queue, c'est-à-dire l'immense majorité des électeurs. Il est vrai qu'alors comme aujourd'hui, il existait à Nantes un petit groupe de politiciens à courte vue, qui réformaient la France à la couleur de leurs idées étroites et autoritaires, qui se rassemblaient dans les petits coins pour préparer le bonheur du peuple sous leur direction exclusive et qui s'étaient proclamés les chauds partisans du suffrage universel... tant qu'ils pourraient le tenir en lisières. Ils acceptaient alors la République comme la meilleure des monarchies, ils la revendiquent encore à présent, mais à la condition d'en faire une oligarchie qui fonctionnerait sous leurs ordres. Hors de leur collaboration, point de progrès; point de salut hors de leur petite chapelle.

C'était ce groupe d'aristocrates républicains, descendants des censitaires, qui, pour constituer une nouvelle classe dirigeante, avait fait venir Paradol et l'avait surmené, au point de lui arracher à lui-même le cri de grâce :

Nantes, dimanche, 16 mai 1869.

CHER LUDOVIC,

N'aie pas peur pour moi; je suis épuisé, surtout de la gorge et des courses de canton; mais je vais bien et j'en verrai la fin. — Il faudrait que je fusse bien malade pour lâcher les incomparables braves gens qui m'entourent.

Mais je suis un colis dans leurs mains : ils m'emballent, me déballent, me font parler, me remportent, et ainsi de suite du matin au soir, de sorte que je ne puis même pas aller embrasser Lucy ni lui écrire (1). Quand je ne t'écris pas, cela veut donc dire seulement que je n'ai pas respiré un seul instant. Hier soir, grande réunion dans un théâtre. J'ai parlé une heure un quart, j'ai bien parlé et avec un vrai succès. Cette fois, pas de tapage, quelques cris guépinsistes que couvrait aussitôt l'indignation de la salle. Puis un républicain a parlé pour moi, mais sans pouvoir se faire entendre et on a levé la séance.

Je dois faire encore ici deux conférences littéraires sur *Corneille* et *Fénelon* pour faire connaissance avec les dames de Nantes. Le préfet a refusé (à cause de la loi sur les cinq jours). Immédiatement sommation par huissier avec les meilleures signatures de Nantes ; il a écrit au ministre et cèdera, *je le crains*.

S'il y a un second tour, mon élection devient bien probable, mais j'y tiens de moins en moins.

ANATOLE.

Les émeutes de Paris peuvent tout perdre ici.

Que d'illusions ! quelle ignorance de ce qu'était la démocratie nantaise ! quelle faute d'avoir pensé qu'elle accepterait, les yeux fermés, un candidat qui prétendait lui imposer son programme à lui, au lieu d'accepter son programme à elle.

Paradol obtint 1,959 voix, contre 11,679 données au docteur Guépin !

(1) Lucy était une des filles de Prévost-Paradol.

Ce fut le coup de grâce électoral pour le malheureux académicien, muni pourtant de tous les sacrements, recommandé par Jules Favre et battu, malgré cela, comme la dernière des nullités.

Il partit à la sourdine de Nantes, sans y avoir laissé de traces bien profondes de son passage : je me trompe, il y a laissé quelque chose ; sans y songer, sans le vouloir assurément, il a enrichi le vocabulaire de la politique locale d'une expression vive, faisant image, que vous chercheriez en vain dans Littré ou La Rousse, mais qui dépeint à merveille ces pseudo-libéraux dont quelques-uns se croient sans doute des républicains sincères, mais qui ne sont en réalité que des *paradoliens*.

N'appartenait-il pas à un académicien d'ajouter un nouveau mot au dictionnaire de l'Académie française qui ne lui a pas encore, que je sache, donné le droit de cité qu'il a rencontré chez nous ?

ARTISTES ET IMPRESARIOS

Les débuts d'autrefois au théâtre. — Les cabales pour ou contre les artistes. — Le créole et le canonnier. — Une chanteuse légère ! — Le parterre et les fauteuils d'orchestre. — *Quandoque bonus dormitat Homerus.* — La première des *Huguenots*. — Le salon de madame Teissère. — La direction Lemonnier. — Un impresario marchand de primeurs. — Une poire pour la soif. — M. Solié, chef d'orchestre. — Le soufflet-violon. — La montre à répétition. — Le ténor Huner. — Le repertoire de Schubert. — Audibert, ingénieur et musicien. — L'école polytechnique et la musique.

Vendémiaire qui marquait dans le calendrier républicain le commencement de l'année nouvelle, pourrait servir au même titre à tous les amis des choses du théâtre.

N'est-ce pas fin septembre en effet qu'on en rouvre les portes toutes grandes, qu'on rallume les feux de la rampe et que le directeur, cravaté de blanc, gilet en cœur, et ganté de beurre frais, fait au public les trois saluts traditionnels avant le combat.

On aime toujours le théâtre à Nantes, mais, permettez-moi cette appréciation, hélas ! trop exacte, on ne sait plus l'aimer comme autrefois ; on ne l'a pas encore déserté, grâces en soient rendues à Terpsychore et à Thalie... et à la subvention moins mythologique du Conseil municipal ; mais se passionne-t-on encore pour les questions qui s'y rattachent ? La vérité avant la vie, il me faut répondre non.

Ah ! si je pouvais seulement vous faire remonter de cinquante ans en arrière, quand une jeunesse ardente, enthousiaste pour l'art et pour les artistes, suivait les débuts avec une passion véritable, applaudissant et sifflant avec le même emportement, et donnant ainsi à la saison théâtrale une animation passée désormais à l'état de souvenir ! Ces volcans éteints ne se sont jamais réveillés depuis.

Eh bien ! je regrette ce bon vieux temps-là où l'admission d'une chanteuse ou d'un ténor passait à l'état d'une affaire de premier ordre.

On pariait pour ou contre, on organisait des cabales à n'en plus finir, on faisait une consommation monstre de clefs forées, c'était l'exubérance poussée quelquefois à l'excès, — je ne l'aurais pas avoué alors, je le confesse aujourd'hui, — mais que voulez-vous ? c'était encore la vie, et je suis persuadé que plus d'un artiste préférerait se voir discuté encore aujourd'hui avec la même sévérité et accueilli ou refusé avec la même passion.

Parmi les meneurs — car il y avait des meneurs — se remarquaient deux jeunes créoles qui avaient, comme on dit, la tête près du bonnet et qui, pour un oui, pour un non, mettaient sans barguigner la main à la rapière, avec plus de facilité que le capitaine Roland dans les *Mousquetaires de la Reine*, qui dormaient encore inédits dans les cartons d'Halévy.

Un autre de ces jeunes gens, mort depuis dans une maison

de santé, eut un duel avec un officier d'artilleriesur la figure de qui il avait littéralement cassé une lorgnette. Le motif était des plus simples : ils différaient d'avis sur les mérites d'une chanteuse légère qui laissait, paraît-il à désirer sous le rapport du chant plus que sous celui de la légèreté.

Très brave, mais ignorant le premier mot de l'escrime, il n'hésita pourtant pas un instant à aller sur le terrain et là, malgré la supériorité toute naturelle de son antagoniste, il sut, à l'étonnement d'une galerie de connaisseurs, par un coup inattendu, à l'italienne, en venir à bout. Au risque de se faire embrocher, il se jeta tête basse sur son adversaire qu'il blessa gravement en pleine poitrine, sans que pourtant la mort s'ensuivît.

Que de fois n'ai-je pas vu le parterre s'insurger contre la tyrannie parfois insolente des fauteuils d'orchestre qui prétendaient tout régenter et l'un de ces messieurs se retourner vers le parterre, l'attitude provocante, le lorgner avec affectation, et finalement jeter son gant au milieu des spectateurs exaspérés ! Tout cela finissait souvent par l'intervention de la police et par une amende prononcée pour avoir troublé l'ordre au cours de la représentation, et je sais tel honorable père de famille, bien et dûment considéré, qui, s'il lisait son casier judiciaire, y retrouverait, vers 1843, quand il n'avait pas encore vingt ans, une condamnation à vingt-quatre ou quarante-huit heures de *clou*, pour avoir fait un pied-de-nez « aux agents chargés d'un ministère public dans l'exercice ou à l'occasion de l'exercice de leurs fonctions », comme dit la phraséologie du Code pénal.

C'est à cette époque que je fis la connaissance de M. Victor Mangin, qui, pour faire trêve aux préoccupations inhérentes à la rédaction du journal, allait régulièrement au théâtre le soir. Je ne vous garantirais pas qu'il y fût toujours d'une attention scrupuleuse : au contraire. Il s'y endormait volontiers, puis se réveillait soudain au bruit des applaudissements qu'il couvrait aussitôt, machinalement, d'un *chut!* vigoureusement accentué, mais quelquefois peu justifié, puisqu'il ne savait pas si ces bravos étaient mérités ou non. Il avait, du reste, une tendance à trouver l'interprétation mauvaise et n'avait pas toujours tort. Je me souviens notamment qu'en 1839, la troupe dans son ensemble était détestable. Ce fut cette troupe pourtant qui créa à Nantes — le 21 mars, un jeudi — les *Huguenots*. Cette œuvre superbe ne réussit pas et les comptes-rendus des journaux de l'époque ne laissaient guère présager la vogue méritée qu'elle devait rencontrer depuis, partout et principalement à Nantes. Les *Huguenots* ne font-ils pas toujours salle pleine ? Je connais un vieux professeur de mathématiques qui ne manque pas une représentation de cette œuvre digne, en effet, de donner tout à la fois simple satisfaction à ses aspirations musicales et à ses convictions huguenotes.

Il n'en était pas de même en 1839, lors de la première, et il fallut pour la faire passer avec un personnel aussi peu satisfaisant, un véritable renfort de décors, de figuration et d'accessoires. L'affiche même était des plus corsées, comme vous l'allez voir, et le brave prote de l'imprimerie du Commerce, le père Honoré, connu depuis un demi-siècle de tous les directeurs et impresarios forains de France et de Navarre, n'y aurait pas mieux employé les ressources de l'art des *vedettes* et des *tire-l'œil* où il devait passer maître.

Voici la reproduction textuelle de l'affiche de cette représentation dont rien n'empêcherait de célébrer l'an prochain le cinquantenaire :

GRAND-THÉATRE DE NANTES

SPECTACLE EXTRAORDINAIRE

Jeudi 21 *mars* 1839

LES HUGUENOTS

OU LE MASSACRE DE LA SAINT-BARTHÉLEMY

Opéra à grand spectacle, en cinq actes et *sept tableaux*, de M. Scribe
Musique de Meyerbeer

Orné de danses, décors, accessoires et costumes nouveaux; auxiliaires dans les chœurs, changements à vue etc.

TOUTE LA TROUPE PARAITRA DANS CET OUVRAGE

Rien n'a été négligé pour donner à cet œuvre (sic) *toute la pompe et l'éclat dont il est susceptible.*

DISTRIBUTION

Raoul.....	MM. Wermelen	La Reine..	Mmes	Teissère
Marcel....	S. Ange	Valentine..		Roux
Nevers....	Jourdheuil	Urbain....		Miller
Saint-Bris.	Germain	Dame d'honneur..		Bernard
Tavannes..	Dorbes	Maurevert.	MM.	Luguet
Cossé.....	Deldebat.	Bois-Rosé.		Montreuil
Meru......	Rigaud			

Chœurs.

Mme Teissère était une chanteuse élégante et distinguée, un peu maigre, qui ne manquait pas de mérite et qui revint à Nantes à diverses reprises. Elle avait loué, rue des Capucins, un appartement dans une maison où demeuraient la plupart des artistes et savait y faire, en tout bien, tout honneur, l'accueil le plus avenant au monde mélomane de Nantes.

Je la revis plus tard, sous la direction de Lemonnier, une basse-taille de bon aloi qui créa, si mes souvenirs sont fidèles, le rôle de Bertram, de *Robert-le-Diable*, sur notre scène, avant d'en devenir l'impresario original et distingué. Au physique, Lemonnier était grand, maigre, osseux, avec des tendances à se voûter, comme un peuplier sous l'influence du vent de mer. Je me rappelle de lui un mot qui peint bien le directeur dans l'exercice de ses fonctions. Un soir, par suite de l'indisposition subite d'un des premiers sujets, il fallut faire relâche, alors que la salle était déjà remplie. Comment se tirer de cette fâcheuse aventure ? Le régisseur opinait pour qu'on rendît l'argent, quoiqu'il n'eût pas cessé de plaire.

— Rendre l'argent ! répliqua Lemonnier, stupéfait plus encore que furieux de la proposition. Sachez, monsieur, qu'on rend l'âme une fois dans la vie, parce qu'on ne peut faire autrement, mais la recette jamais !

Il n'eut du reste pas à se plaindre du public nantais et s'acclimata si bien à notre ville qu'une fois ses fonctions terminées, comme directeur et comme chanteur, l'excellent Biju du *Postillon de Longjumeau* ouvrit à Nantes, rue de l'Héronnière, non point une forge destinée à réparer les carrosses des grands seigneurs, mais bien un magasin d'exportation des fruits succulents de nos environs. Que de fois je l'ai vu surveiller minutieusement l'emballage, à destination de la Russie, de superbes duchesses déposées avec précaution sur des couches de papier découpé en fine litière.

Comme le disait lui-même cet excellent homme, en faisant à ses anciens abonnés les honneurs de ses magasins :

— Vous le voyez, je me suis gardé plus d'une poire pour la soif.

Je me souviens aussi de l'excellent chef d'orchestre, M. Solié, revenu depuis à Nantes comme directeur, mais qui n'était pas tendre pour les musiciens placés sous sa férule. Il était surtout impitoyable pour les retardataires, ainsi que le prouvent les deux anecdotes suivantes.

Un second violon arrive en retard, tout essoufflé ; on allait commencer la répétition. Froncement de sourcil olympien du chef d'orchestre, dont les yeux s'écarquillent bien davantage encore en voyant l'infortuné musicien tirer avec stupeur de son étui un énorme soufflet que des mauvais plaisants avaient substitué à son violon !

— Est-ce que vous seriez maintenant dans les instruments à vent ? lui demande Solié devenu furieux. Je vous donne cinq minutes pour trouver un violon, ou je vous mets à l'amende !

Le pauvre mystifié fut obligé de courir chez le luthier le plus voisin pour y trouver un Stradivarius d'occasion.

Solié avait eu cette fois les rieurs pour lui ; il n'en fut pas de même l'autre fois !

Un quatrième cor se trouvait également en défaut. On commence sans lui. Enfin il apparaît à la petite porte basse de l'orchestre, et se faufile tout tremblant à sa place, bousculant quinquets et pupitres. Mais il a été déjà aperçu par l'impitoyable maëstro qui lui lance cette foudroyante apostrophe :

— Vous n'avez donc pas de montre, monsieur ?

— Si, monsieur, j'en ai une, mais elle n'est pas à répétition.

Vous entendez d'ici les éclats de rire qui accueillirent cette réplique. Solié avait ri lui-même ; il était désarmé.

C'est à peu près dans les mêmes temps — je n'affirme pas sous quelle direction — que vient à Nantes le ténor Huner, ténor de grâce plutôt que de force ; excellente voix, très égale, étendue et surtout expressive comme diction. Il était fort apprécié à la scène et ses succès dans le monde n'étaient pas moins grands. A cette époque en effet (1843) on recevait beaucoup ; les soirées musicales se multipliaient un peu partout et il n'y en avait pas de complètes sans lui. Toujours empressé de se montrer agréable, il acceptait toutes les invitations, et c'est ainsi qu'il révéla le répertoire si poétique et à la fois si saisissant de Schubert, encore très peu connu à Nantes avant lui, le *Roi des Aulnes*, l'*Ave Maria*, la *Sérénade*, la *Barcarolle*, le *Départ*, la *Jeune Religieuse et* tant d'œuvres à jamais célèbres. Il disait surtout à ravir le

Sey mir gegrüsst,
Sey mir geküsst,

assez piteusement traduit en français par

Sois toujours
Mes seules amours.

Mais, détail curieux, il le chantait mieux en allemand comme l'*Adelaïde* de Beethoven et parvenait à en faire goûter la saveur exotique à ceux-mêmes qui ne connaissaient pas cette langue. Les femmes surtout étaient subjuguées par ce chanteur passionné qui donnait à tout ce qu'il disait tant de douceur et tant de charme.

Huner avait pour accompagnateur fidèle un jeune homme fort élégant et très apprécié dans ces réunions, du nom d'Audibert, sorti l'un des premiers de l'Ecole polytechnique et qui devait plus tard devenir un des administrateurs d'une de nos grandes Compagnies de chemins de fer.

Audibert s'acquittait du reste en maître de ces accompagnements hérissés de difficultés qui réclament une réelle virtuosité et un haut sentiment musical.

Avez-vous remarqué combien, malgré l'aridité légendaire de leurs études scientifiques, les élèves de l'Ecole polytechnique ont des dispositions toutes particulières pour l'art musical? Plus d'un de ces *potasseurs* à la recherche de l'inconnue s'est distingué dans les travaux de la composition et dans des recherches d'esthétique. Quelques exemples pris au hasard :

Ruolz, que ses procédés d'argenture des couverts a rendu célèbre, n'était-il pas sorti de l'école de la montagne Sainte-Geneviève? Ce qui ne l'empêchait nullement de sacrifier à Euterpe et de faire représenter sur les scènes de la capitale des opéras de sa composition : *Lara*, la *Vendetta*, etc.

Le comte Camille Durutte d'Ypres, qui signait : « compositeur, ancien élève de l'Ecole polytechnique, » n'a-t-il pas laissé un curieux volume de six cents pages sur les lois générales du système harmonique, où, disait-il, il regrettait de n'avoir pu qu'effleurer un aussi vaste sujet?

L'illustre ingénieur M. Talabot, directeur honoraire du Paris-Lyon-Méditerranée, plus qu'octogénaire, et devenu complètement aveugle, est tellement passionné pour la musique qu'il s'en fait faire pour lui seul trois fois par semaine, par quelques artistes distingués, parmi lesquels figure notre compatriote Aristide Hignard. Ces réunions ont lieu à jour fixe et commencent par un excellent dîner auquel préside Mme Talabot avec une amabilité des plus charmantes. M. Talabot n'y figure pas, sans doute à cause de sa cécité, et ne vient qu'après, rendant ainsi la liberté à Mme Talabot qui préfère les distractions du monde aux jouissances un peu sévères de la musique classique. M. Talabot n'est pas seulement un amateur distingué; avant d'être aveugle, il faisait lui-même sa partie dans ces réunions et accompagnait au piano M. Didion, directeur des chemins de fer d'Orléans, qui interprétait avec une voix magnifique et un art consommé les psaumes de Marcello.

Les Mécènes de l'espèce de M. Talabot sont rares aujourd'hui. Il est vrai qu'une fortune colossale lui permet aisément ce luxe princier d'un concert à domicile.

La *Trompette* — cette curieuse association musicale — n'a-t-elle pas été fondée par M. Lemoine, un élève de l'Ecole ? et M. Laisant, ancien député de Nantes, n'en est-il pas un des plus fervents adeptes ? J'ai même entendu raconter, à cette occasion, une histoire inédite et que l'on me pardonnera de glisser ici :

C'était un dimanche d'élections, le 21 août 1881.

— Comment ! disait un personnage politique de notre ville à un de nos *dilettanti* des plus distingués, disciple à la fois de Vitruve et de Paganini, mais d'opinion assez conservatrice en politique, vous n'êtes pas aux bains de mer !

— J'y étais et j'y retourne tantôt, mais j'ai tenu à venir pour voter.

— C'est d'un bon citoyen, assurément.

— Certes, reprit le mélomane, et vous seriez plus surpris encore si vous connaissiez mon candidat : je vote pour votre ami Laisant. C'est une faiblese, je le sais, mais que voulez-vous ? Il est de la *Trompette*. Un homme qui aime autant que ça la musique, ne peut pas être dangereux !

GOURMETS ET GOURMANDS

Gâteaux bretons et fouaces nantaises. — Un chapitre de Rabelais. — Moule à cornes ! — Beurre et beurrée. — Lait cuit, cremets et caillebote. — Les Visitandines de Nantes : un souvenir de *Ver-Vert*. — Les berlingots de la place Royale. — Monsieur de Cupidon : Charles Monselet, enfant de la place Graslin. — Le sonnet au « cher ange ! »

Il n'est guère de ville tant soit peu importante qui, grâce à quelque produit alimentaire inconnu ou mieux confectionné qu'ailleurs, ne se soit acquis un renom mérité dans le monde des gourmets.

Voyagez un peu, même sans sortir de la Bretagne, et le guide consciencieux vous indiquera à Brest, sur la place du Champ-de-Bataille, certain pâtisssier qui fabrique pour le thé des gâteaux légers — les Saint-François — dont la réputation s'étend au-delà des limites du Finistère. A Rennes, c'est un gâteau parfumé à la vanille, c'est aussi le beurre de la Prévalaye qui se vend derrière l'horloge de l'Hôtel-de-Ville, dans une de ces vieilles maisons à arceaux encore si nombreuses dans l'ancienne capitale de la presqu'île armoricaine. C'est, à Lorient, le gâteau breton, le *Crucer*, avec une succursale parisienne, rue Saint-Honoré, non loin de la Comédie-Française. C'est l'angélique à Châteaubriant. A Nantes, c'est la fouace.

Dieu sait où il faudrait remonter pour fixer avec quelque précision la date où la fouace nantaise (que d'aucuns appellent aussi guillaret) fit pour la première fois son apparition sur le marché. Ce que je puis vous assurer, *doctus cum libro*, c'est que Rabelais qui, en sa qualité de curé sans doute, connaissait sur le bout du doigt... et de la langue tout ce qu'il y avait de meilleur sur la terre de France pour alimenter une table digne de ce nom, parle avec éloge des fouaces de Nantes. N'y fait-il pas, en son chapitre XLV de Gargantua, livre I, mention de Saint-Sébastien, près de Nantes ? et que disait-il des fouaces qui amenèrent la guerre entre les personnages de son œuvre ?

— C'est viande céleste, que de manger à déjûner raisins avec foüaces fraîches.

A quoi bon chercher un témoignage plus précieux en faveur de ces pâtisseries faites de beau froment et qui, légèrement beurrées quand elles sortent brûlantes du four, ne forment pas au XIXe siècle un régal moins délicieux qu'au XVIe ? Lafontaine avait trouvé moyen de les glisser dans un de ses vers devenus proverbes, et la phrase :

Rendre fèves pour pois et pain blanc pour fouace,

a pris place, sous la signature du fabuliste, dans le volume où la sagesse des nations retrouve tous ses dictons.

La forme des fouaces n'est pas toujours la même. Jadis elle affectait de préférence l'aspect de rosaces à cinq pétales, baptisées, je ne sais trop pourquoi, du nom malsonnant de cornes, ce qui n'empêche pas tout le monde d'en porter ostensiblement, en tout bien tout honneur, le jour de la

Saint-Martin au retour de l'assemblée des Cornes qui se tient, comme chacun sait, à Chantenay.

Les curieux qui ont visité autrefois à l'Oratoire l'exposition archéologique jointe à l'exposition industrielle du cours Saint-André, ont pu y voir d'anciens moules à fouaces, non point en fer battu, ni en buis, comme il était permis de s'y attendre, mais en faïence.

Aujourd'hui la forme antique est devenue plus rare et celle qui est ordinaire chez tous nos fouaciers — le mot n'est pas dans le dictionnaire de l'Académie française — rappelle assez un portefeuille fermé sur lui-même, doré dessus et bruni par-dessous à la flamme du foyer. Les étrangers de passage à Nantes s'en munissent au départ et les rapportent chez eux, comme ils feraient de bibelots en nacre ou en ivoire sur lesquels le burin du graveur a inscrit ces mots : *Souvenir de Nantes*.

A Paris, cependant, les essais d'importation n'ont pas réussi et notre fouace nantaise n'a détrôné jusqu'ici ni la galette du boulevard, ni la brioche de la rue de la Lune.

J'ai pourtant rencontré au cours d'un voyage que je faisais dans le Midi un de nos anciens concitoyens qui regrettait les fouaces de notre bonne ville : c'était un contre-bassiste du nom de Poitou et dont certes les amis du théâtre n'ont pas oublié l'embonpoint et, faut-il l'ajouter, la gourmandise, péché capital et mignon tout à la fois.

— Assurément, me disait-il d'un ton de regret sincère, et ce avec un accent méridional qui sentait l'ail, cette ville de Marseille a du bon : ainsi vous visitez les cales des navires et vous pouvez y manger des oranges sur place, tant que vous voudrez, sans en emporter cependant. Mais c'est égal, avec ses fouaces, ses poires fondantes, son beurre et ses sardines fraîches qui brillent comme de l'argent, votre ville de Nantes est incomparable.

Cet hommage à notre beurre breton m'avait touché au fond du cœur. N'est-ce pas là, pour tout vrai fils de la Bretagne, un aliment aussi nécessaire que le pain même sur lequel il s'étend? et j'ai quelque idée qu'il se fût joint à l'enfant des *Fables de Ratisbonne*

Pour prier le bon Dieu — car le pain c'est bien sec
De lui donner toujours un peu de beurre avec.

Sur la table d'un bon Nantais, le beurre a la place d'honneur : on ne le mange pas comme ailleurs, avec les hors-d'œuvre ou pour grignoter le pain entre les services, on en ajoute à tous les plats avec une profusion qui étonne l'étranger, et sans distinguer. Il n'est pas jusqu'aux fruits, pêches, poires ou raisins qu'on n'accompagne d'une *beurrée,* au détriment peut-être de leur saveur, mais comme un hommage de plus rendu à l'excellence de ce dérivé de notre lait.

Ce n'est pas le seul ; et, sans entrer ici dans de plus amples détails, pour lesquels je manque absolument de connaissances spéciales, je me bornerai à vous citer les cremets, dans leurs petites pyramides d'osier renversées comme des marmites de Janissaires, les cœurs tressés de fromages blancs, le lait cuit, les caillebotes, le lait caillé, et ce que l'on appelle, à Dinan, le *lait à Madame.*

Adressez-vous, pour en connaître la fabrication, à nos fromageries locales, il n'en manque point; pour moi, je vous dirai comme dans la ronde que dansent nos enfants :

Si vous voulez m'en donner,
Je saurai bien les manger.
La bonne aventure, ô gué !
La bonne aventure !

Me trompé-je? J'ai une vague idée qu'au bon vieux temps, toutes ces friandises, ces petits plats sucrés étaient encore plus soignés que de nos jours. Nos Vatels ne se transpercent plus d'un coup d'épée, si la marée vient à manquer, et la Révolution farouche, en démolissant les couvents, a dispersé aux quatre vents du monde les cordons-bleus les plus distingués de l'ancien Régime ainsi que leurs recettes. Ne sont-ce pas les religieuses qui ont donné leurs noms aux nonnettes de Dijon et aux madeleines de Commercy? et les impies, — dont Dieu me garde de faire jamais partie! — n'ont-ils point affublé d'un bien vilain nom — pets-de-nonne — une bien bonne pâtisserie que, par euphémisme, les gens bien élevés désignent sous le vocable de *soupir-de-religieuse*? Et comme à Nantes les communautés de bonnes sœurs n'ont jamais manqué, il faut penser qu'il n'y manquait pas non plus de menottes blanches, aptes à préparer la pâte légère, à y ajouter sucre, œufs, fleur d'oranger ou vanille et à confectionner de ces douceurs détrônées par le *petit four* banal.

Il y avait, notamment à Nantes, à l'endroit où s'élevait naguère la caserne de la Visitation, un couvent du même nom, que Gresset, grâce à son *Ver-Vert*, a su rendre immortel.

Apostrophant le célèbre perroquet, chéri des religieuses de Nevers, le poète s'écrie :

. . . .

La renommée annonça tes appas,
Et vint porter ta gloire jusqu'à Nantes.
Là, comme on sait, la Visitation
A son bercail de Revérendes Mères
Qui, comme ailleurs, dans cette nation
A tout savoir ne sont pas les dernières.
Par quoi bientôt, apprenant des premières,
Ce qu'on disait du perroquet vanté,
Désir leur vint d'en voir la vérité.
Désir de fille est un feu qui dévore,
Désir de nonne est cent fois pis encore.

Ver-Vert y vint et sans la fâcheuse rencontre qu'il fit en route — deux nymphes, trois dragons, une nourrice, un moine et deux Gascons — il eût retrouvé à Nantes les marques de cette tendre sollicitude qui ne lui avaient pas été épargnées à Nevers :

Notre Ver-Vert mangeait au réfectoire :
Là, tout s'offrait à ses friands désirs ;
Outre qu'encor pour ses menus plaisirs,
Pour occuper son ventre infatigable,
Pendant le temps qu'il passait hors de table,
Mille bonbons, mille exquises douceurs
Chargeoient toujours les poches de nos sœurs.
Les petits soins, les attentions fines
Sont nés, dit-on, chez les Visitandines.

De ces mille bonbons, de ces exquises douceurs dues à l'estomac inventif des religieuses d'autrefois, plus dévotes en confiserie que confites en dévotion, que devons-nous aux Visitandines de Nantes ? Avaient-elles pris brevet pour les *caramels*, mélange brunâtre de mélasse brûlée et de noix pilées, qui se vendent aux éventaires des marchandes, dans des carrés de carton fournis par de vieilles cartes à jouer? Faut-il remonter jusque-là pour trouver l'origine des *bâtons de voyageurs*, sorte de sucre d'orge au miel, tournés en spirale comme la canne que Trénitz, l'Incroyable de la *Mère Angot*, appelle son Pouvoir exécutif, et que l'on vendait autrefois exclusivement sur la chaussée de la Madeleine, cour de la Faïencerie? Nos bonnes religieuses auraient-elles aussi inventé le *berlingot à la menthe*?

Voilà autant de spécialités nantaises, uniques dans leur genre et que Paris ne connaît pas. La fameuse marchande de la place Royale n'est-elle pas assaillie de clients auxquels elle tend d'une main le cornet traditionnel rempli de berlingots, tandis que de l'autre elle perçoit la pièce de cinq ou de dix centimes. Les bonbons à la menthe, les *piquants*, suivant l'expression consacrée, sont les plus demandés. Le tarif en est connu : grand format, vous en avez quatre pour un sou, comme on eût dit autrefois : petit format, vous en avez quatorze. Et la foule se succède, et le dimanche même on fait queue devant l'éventaire toujours propre, toujours soigneusement fermé, avec son rideau blanc en éventail qui permet de distinguer les casiers différents pour tel ou tel parfum. Mais qui a inventé le *berlingot*?

Il faudrait, pour des recherches aussi friandes, pour la reconstitution d'un passé aussi appétissant, un historiographe plus autorisé que moi ; et pardieu, j'en avais un tout trouvé? Charles Monselet, le continuateur des traditions de Grimod de la Reynière et de Brillat Savarin, celui que Gill, dans une de ses caricatures, représentait à cheval sur une fourchette, n'était-il pas Nantais? C'est à notre éminent concitoyen, à l'auteur de l'*Almanach Gourmand*, au rédacteur en chef du *Gourmet*, qui devait plus tard accommoder la *Cuisinière poétique*, au conteur de la *Gastronomie*, que revenait tout entier l'honneur d'écrire un jour l'histoire de l'Art Culinaire dans son pays natal.

..... La ville de Nantes,
A qui je n'en saurais vouloir
M'a vu naître, sans s'émouvoir,
De mes facultés étonnantes.

Le principal étant de vivre,
Fidèle au : « Tel père, tel fils. »
Ma ressource devint le livre ;
Mon père en vendait, — moi j'en fis.

Comment Charles Monselet qui vécut enfant sur la place Graslin (son père y était effectivement libraire) et dont — il le dit lui-même — la jeune âme était....

Déjà conquise à la cuisine,

comment Monselet n'aurait-il pas admirablement parlé de tout cela ? Et n'allais-je pas oublier, en parlant de l'admirateur de l'andouillette et des godiveaux, ce lard chaud qui le dimanche matin forme le déjeuner de la population ? De huit heures à onze, les boutiques des charcutiers s'emplissent de domestiques et de ménagères munies qui d'une assiette creuse, qui d'un plat spécial et bientôt les *casses* où nagent les côtes de lard, avec des morceaux de foie et de couenne, sont dévalisées par des consommateurs qui s'en promettent un véritable régal.

Qui donc eût été plus autorisé à en chanter les mérites,

sinon le même Monselet, l'auteur du célèbre sonnet au cochon :

LE COCHON

Car tout est bon en toi : chair, graisse, muscle, tripe!
On t'aime galantine, on t'adore boudin.
Ton pied, dont une sainte (1) *a consacré le type,*
Empruntant son arôme au sol périgourdin,

Eût réconcilié Socrate avec Xantippe ;
Ton filet, qu'embellit le cornichon badin,
Forme le déjeuner de l'humble citadin ;
Et tu passes avant l'oie au frère Philippe.

Mérites précieux et de tous reconnus!
Morceaux marqués d'avance, innombrables, charnus!
Philosophe indolent, qui mange et que l'on mange!

Comme dans notre orgueil, nous sommes bien venus
A vouloir, n'est-ce pas, te reprocher ta fange?
Adorable cochon! animal roi! — cher ange!

Hélas! pendant que s'imprimaient ces pages, le 19 mai 1888, Monselet mourait à l'âge de soixante-trois ans, dans son domicile modeste de la rue de Navarin, ne laissant de tout son bagage littéraire que le souvenir d'un gastronome érudit ou, si vous l'aimez mieux, d'un écrivain gourmet.

N'avons nous pas été à même d'apprécier l'un et l'autre, quand l'aimable épicurien vint à Nantes il y a quelques

(1) Sainte Ménéhould.

années présider les fêtes et surtout le banquet annuel de la *Pomme*?

Il nous y régala d'un certain *trou normand* dont toutes les strophes n'auraient pas pu être dites devant les dames, mais qui n'en obtint pas moins entre hommes un succès d'autant plus vif.

Les chevaliers de Boufflers et les abbés d'Attaignant n'ont rien fait au siècle dernier de plus réussi dans le genre badin, quand ils célébraient, *inter pocula*, l'éloge de ce que nos pères appelaient : *le coup du milieu*.

AU CIMETIÈRE DE MISÉRICORDE

Une visite au Cimetière. — Epitaphes pour tombeaux et vers... de mirliton pour cercueils. — Le monument du Régulus Nantais. — L'antiquaire Fournier rédigeant lui-même son éloge tumulaire. — Cambronne et Bréa. — Le rôle du chien dans la famille. — Un médaillon d'Amédée Ménard. — Un distique latin. — Morts à l'ennemi ! — Le tombeau des Mangin.

L'oubli est la fleur qui croît le mieux sur les tombeaux.

(G. SAND).

Cette pensée peu consolante, mais bien humaine et bien vraie me revenait ces jours passés en mémoire, tandis que je parcourais, avec un ami, le vieux cimetière de Miséricorde où dorment tant de générations de ceux qui furent nos prédécesseurs sur la terre bretonne.

A côté de monuments funéraires auxquels les soins ne manquent pas encore, que de tombes abandonnées, envahies par des herbes folles ! que de pierres rongées par la mousse noirâtre où n'est plus même lisible le nom de ceux dont elles recouvrent la dépouille ! que de couronnes d'immortelles décolorées par le soleil et détrempées par la pluie! que de bouquets jaunis, sans éclat et sans parfum! que de grilles rougies par la rouille, entre les barreaux desquelles tremble, au gré de la brise, l'hexagone d'une toile d'araignée dont les fils retiennent et font scintiller au soleil la goutte d'eau tombée du ciel!

Et pourtant, à ne s'arrêter qu'aux inscriptions que le marbrier a creusées dans le granit ou que le peintre a tracées sur la modeste croix de bois noir, les regrets ne devaient-ils pas être éternels? les survivants se consoleraient-ils jamais de la perte de ceux qui ne sont plus?

Mais, comme l'a dit le poète,

Les larmes d'ici-bas ne sont qu'une rosée
Dont un matin au plus la terre est arrosée,
Que la brise secoue et que boit le soleil;
Puis l'oubli vient au cœur, comme aux yeux le sommeil.

Des pleurs d'autrefois, il ne reste plus alors que ces larmes peintes par un artiste en mausolée et qui ressemblent à autant de petites sangsues exsangues, dignes de figurer à la vitrine du prochain apothicaire.

Que dire aussi des épitaphes les mieux senties qui semblent les plus ridicules? des quatrains commandés à la douzaine par des entrepreneurs de pompes funèbres à des poètes en disponibilité, qui tiennent l'article pour tombeaux comme ils le tiendraient pour mirlitons? des *Bon père et bon époux* qui pullulent au cimetière, alors que le genre humain laisse tant à désirer sur le chapitre de la bonté..... de l'autre côté de la porte?

N'ai-je pas trouvé sur une tombe une plaque portant ces mots : *Au rendez-vous des époux?* et sur combien d'autres n'ai-je pas découvert, en l'honneur d'enfants morts à la mamelle, des poésies célébrant les vertus d'êtres qui n'avaient pas eu le temps de les pratiquer? Une mère éplorée demandait un jour au poète Gombault une épitaphe bien sentie pour son fils, personnage d'ailleurs totalement inconnu. Gombault s'exécuta avec esprit :

Ton fils est mort de maladie :
Tu veux que j'en plaigne le sort ;
Que diable veux tu que j'en die ?
Colas vivait, Colas est mort.

Du temps des Sésostris égyptiens, la coutume voulait qu'on pût dire la vérité aux morts, même et surtout quand ces morts étaient des rois. Nous avons bien changé tout cela et nos nécropoles dissimulent la vérité, alors pourtant qu'il ne sert plus à rien de mentir.

Le cimetière de Miséricorde a, comme tous les autres, une collection complète en ce genre. Les versiculets les plus dithyrambiques, les stances latines les plus déplacées, bien que les livres saints les fournissent, les épithètes dont l'exagération seule suffirait à faire justice, frappent le regard du passant qui cherche au milieu de ces hyperboles funéraires un peu de douleur plus silencieuse et plus vraie.

Je n'aime guère, l'avouerai-je, ces caveaux en pierre de taille qui s'élèvent le long de la grande avenue, comme des maisons de plusieurs étages sur un riche boulevard. La mort ne réclame pas autant de faste et, si nous devons retourner à la terre, n'est-ce pas dans son sein même qu'il nous faut reposer plutôt que dans ces tiroirs en granit édifiés à la vanité des survivants? Une pierre tombale, sur cette pierre une date, un nom sans adjectifs qualificatifs, et, s'il est possible, l'ombre d'un arbre vert ou d'un saule pleureur, cela ne vaut-il pas un certain nombre de mètres cubes de pierre grise, glaciale comme la mort même et qui semblent doubler le poids du tombeau? N'est-ce pas Musset qui disait — et ses vœux ont été exaucés :

Mes chers amis, quand je mourrai,
Plantez un saule au cimetière;
J'aime son feuillage éploré;
La pâleur m'en est douce et chère
Et son ombre sera légère
A la terre où je dormirai.

Le culte des morts ne souffrirait pas de ce retour à une simplicité plus décente dans ce champ du repos où la véritable égalité devant la loi suprême règne pour la première fois.

Point de règle du reste sans exception et il y a, même à Miséricorde, des monuments funéraires d'une simplicité plus touchante que toutes les fioritures du marteau du sculpteur.

Quelle est cette colonnette surmontée d'une urne funéraire, à laquelle est attachée une couronne de laurier que le temps a vert-de-grisée et noircie? Approchez.

C'est le monument élevé à Pierre Haudaudine, le Régulus nantais. Pas de date, pas de détails, et pourtant ils ne seraient pas inutiles pour bien des gens.

Tout à côté, j'ai découvert une tombe bizarre : la pierre, en forme de table de la loi, porte aux angles quatre flambeaux, au sommet une guirlande et un médaillon qui représente les traits du défunt : — Nicolas Fournier, né à Paris le 2 mai 1747, mort à Nantes le 20 septembre 1810 — avec sa perruque, son double menton, sa cravate blanche arrangée à la Garnier-Pagès et son jabot de fine batiste. Au bas, ce qui suit :

ÉPITAPHE PAR LUI-MÊME

Légiste et financier,
Et moine et cavalier,
Artilleur, fantassin,
Ingénieur, marin,
Architecte, officier,
Commandant, prisonnier,
Vétéran, citoien,
Académicien,
De Nantes antiquaire,
Voyer, pensionnaire,
Sans fortune et sans bien,
Maintenant moins que rien (1).

Et n'allez pas croire que ce Fournier fût un original sans valeur. Larousse lui consacre tout un article, dont j'extrais seulement quelques lignes :

Il avait suivi pendant treize ans la carrière militaire, lorsqu'il la quitta, en 1783, pour prendre... la direction du théâtre de Nantes. A l'époque de la Révolution, il en adopta les principes, fut nommé chef de bataillon de la garde nationale (1793), combattit contre les Vendéens insurgés et dirigea les travaux de fortification faits à Nantes en vue de la résistance. Son patriotisme ne l'empêcha pas d'être arrêté par ordre de Carrier. Rendu à la liberté après le 9 thermidor, il reprit à Nantes les fonctions d'architecte voyer qui lui avaient été conférées peu de temps avant

(1) Ce dernier vers est devenu absolument illisible sur la pierre tumulaire.

son arrestation et consacra le reste de sa vie à l'étude des antiquités. Il composa, à ce sujet, des dissertations et des mémoires dont quelques-uns ont été imprimés séparément et qu'il a réunis en corps d'ouvrage sous le titre d'*Antiquités de Nantes*.

Je passe sur la tombe des victimes de Juillet 1830, dont j'ai déjà eu l'occasion de parler, et j'arrive tout naturellement à celui qui, ce jour-là, put reprendre avec joie la cocarde tricolore.

La tombe de Cambronne ne manque pas de caractère : c'est un bloc de granit, sans surcharge d'ornements et carré par la base, comme le héros dont il couvre les restes. En avant une épée nue en bronze qui traverse une couronne de laurier et ce seul mot : CAMBRONNE au-dessus d'une croix de Malte.

Derrière, ces deux dates : 26 décembre 1770 et 29 janvier 1842 et les armoiries de Cambronne que Napoléon Ier, en 1810, avait créé baron : c'était une épée, marque du commandement, un lion héraldique, signe de la bravoure, et huit grenades, qui rappelaient à tous que Cambronne avait commandé les grenadiers de la garde impériale. Plus bas, sa croix de la Légion d'honneur. Non loin de là, un peu à gauche pourtant, le buste très ressemblant du général Bréa domine sur un socle multicolore, d'assez mauvais goût, le caveau de la famille. Jean-Baptiste-Fidèle Bréa tué le 25 juin 1848 à la barrière de Fontainebleau par les insurgés, était né — comme le rappelle une plaque de marbre scellée sur son tombeau — en 1790.

Certains caveaux ont une double entrée, l'une sur le cimetière catholique, l'autre sur le cimetière protestant. Ils appartiennent, est-il besoin de le dire, à des familles où des mariages mixtes ont fait entrer des adhérents des deux cultes.

Quand la municipalité de Nantes se décidera à exécuter la loi nouvelle sur la sécularisation des cimetières et que les murs séparatifs finiront par tomber, il n'y aura plus besoin de faire le tour pour passer de la partie protestante à la partie catholique du caveau.

Si les pierres parlaient comme elles parleront un jour, d'après l'Evangile — *lapides ipsæ clamabunt* — elles raconteraient assurément des choses curieuses. Elles diraient peut-être l'histoire de ce chien qui semble encore veiller, dans son enveloppe de pierre, sur ses maîtres d'autrefois. Ne sont-ils pas là d'ailleurs dans un camée bien conservé, elle, Marie-Marguerite-Françoise Praud de la Géraudière (1736-1809) avec son nez droit et intelligent, et sa coiffe plissée sur le devant du front, lui, Michel Van Neunen junior, son époux, le nez bourbonien, les cheveux retroussés derrière la tête, en catogan ? On dit qu'inconsolable de la mort de sa femme, le mari venait chaque jour sur sa tombe, suivi d'un bel épagneul qu'elle avait élevé : plus tard, le mari mourut à son tour et l'épagneul continua seul le douloureux pèlerinage, sans se laisser rebuter par les coups dont on l'assaillait, jusqu'au jour où il se laissa mourir, lui aussi, sur le tombeau de ses maîtres. J'ignore qui a rendu hommage à cette preuve de la fidélité canine, mais celui-là était aussi rempli de cœur, qui avait compris le prix d'un pareil dévouement.

Il y avait autrefois près de cette tombe, deux statues remarquables. L'une à droite, représentait un homme debout, les bras au corps, la main droite tenant le poignet gauche, dans l'attitude de la douleur muette et drapé dans un manteau de citoyen romain. A l'autre angle de la pierre funéraire, était assise une femme accoudée et pleurant, mais l'une et l'autre de ces figures tombaient en ruine et il fallut les abattre. J'en ai conservé le souvenir.

Aux curieux, je signale derrière cette tombe un caveau assez intéressant à divers titres. Il a deux portes grillagées qui permettent de jeter un coup d'œil à l'intérieur. Aux murailles, quatre médaillons ronds en marbre blanc, représentant les défunts et dont les trois plus récents sont signés du nom de M. Amédée Ménard, l'éminent sculpteur.

C'est le caveau de la famille C.-F. Coignard, qui tint autrefois la brosserie de la rue Dobrée. En dehors de ces médaillons, on voit à terre, sur un coussin en pierre blanche, un chien couché qui fait vis-à-vis à une chatte assise sur son séant : tous deux jettent les yeux sur une console où est posée une volière d'oiseaux, les uns empaillés, les autres en carton découpé.

Enfin, si une croix domine ce caveau, le triangle maçonnique, entouré de rayons et de figurines d'anges, est placé au-dessus de l'une des portes intérieures. Détail curieux : ces figurines sont autant de portraits, ceux des petits-enfants de la famille, qu'un des grands-parents avait fait reproduire par le ciseau de l'artiste.

Vous avez même pu en voir, pendant quelque temps, le modèle original en plâtre chez Blum, le marchand d'antiquités de la rue Boileau.

Ce rôle que le chien finit par jouer dans la famille, me rappelle un distique latin assez original pour que je le note au passage. C'est le cerbère lui-même qui parle :

Latratu fures accepi, mutus amantes :
Sic placui domino, sic placui dominæ.

Ce qui pourrait librement se traduire ainsi :

Aboyant au voleur et muet pour l'amant,
Monsieur me trouvait bon et madame charmant.

Comment ne pas s'arrêter un moment devant la tombe de ceux qui sont morts en défendant le sol de la patrie? La tombe du lieutenant-colonel Emile-Marie Loysel, du 6e hussards, blessé à Toury et mort peu après à Orléans, le 16 octobre 1870, à l'âge de quarante-trois ans, est soignée par une main pieuse qui a le culte du souvenir. Les fleurs odorantes, sans cesse renouvelées, embaument le caveau où brille sur un coussin de velours, à côté de chèvrefeuille et de fuchsias, la croix de chevalier de la Légion-d'honneur de M. de La Chaise, adjudant-major du 116e de ligne, tué à l'ennemi le 2 décembre 1870, à Champigny. Ces noms et bien d'autres, vous les retrouverez gravés sur le marbre, sous le portique de l'Hôtel-de-Ville de Nantes. Deux de ces morts glorieux faisaient partie du comité républicain de la rue Copernic; c'était Bel, fabricant de chapeaux, rue du Chêne-d'Aron, ancien officier démissionnaire, qui, devenu lieutenant-colonel des mobilisés, sut faire son devoir et mourut au feu à la sanglante bataille du Mans; c'était Potel, un musicien d'avenir, qui paya sa dette à la patrie, lui aussi, et succomba vaillamment.

La tombe de la famille Mangin a son caractère. Deux médaillons de bronze y sont sertis dans le granit : c'est, vue de profil, la figure joufflue de Victor Mangin père, le nez légèrement retroussé comme s'il voulait, en vrai journaliste qu'il était, flairer les nouvelles, la lèvre inférieure avançant avec bienveillance et l'intelligence peinte sur tous les traits; c'est en face le profil fin et quelque peu mélancolique de Victor Mangin fils. Tous deux reposent là, dans la paix du tombeau ; et entre leurs médaillons, veille, les yeux, tournés vers l'infini, un buste de femme, une étoile au front et ceinte d'une couronne de chêne et de laurier : c'est la Libre-Pensée, dans toute la sérénité d'une conscience sûre d'elle-même. Amédée Ménard *sculpsit.*

Et quand, dans quelque temps, l'évolution régulière du temps ramènera, avec la Toussaint, ces pieuses visites des vivants aux morts, ceux qui s'arrêteront là, devant ces vaillants précurseurs de la République tombés à la peine, ne pourront s'empêcher de murmurer les vers de Théophile Gautier :

Dieu, pour vous reposer dans le désert du temps,
Comme des oasis a mis les cimetières ;
Couchez-vous et dormez, voyageurs haletants.

LE RÉGULUS NANTAIS

Un pont ou une rue? — Haudaudine, négociant de l'île Feydeau. Un échange de prisonniers en 1793. — Les bleus et les brigands. — La fidélité à la parole donnée. — Un article du *Moniteur*. — Bonchamp et Haudaudine, Haudaudine et Mme Bonchamp : un rendu pour un prêté. — Un fusil d'honneur au Régulus nantais. — Les reliques d'Haudaudine.

Arrêtez dans la rue — celle que vous voudrez — une centaine de passants connaissant leur ville de Nantes sur le bout du doigt et demandez-leur, à brûle-pourpoint, ce que c'est qu'Haudaudine, je gagerais volontiers, sans crainte de perdre mon pari, que la moitié au moins vous répondra :
— Haudaudine, mais c'est un pont !

Quant à l'autre moitié, à peu d'exceptions près, elle se rebiffera en disant :

— Pas du tout, ce n'est pas un pont, c'est une rue.

Les autres — *rari Nantes* — se rappelleront vaguement qu'avant d'être une rue, Haudaudine fut un homme, et ce nom-là leur reviendra en mémoire, comme celui d'un bon citoyen dont leurs grands-parents parlaient encore, quand ils étaient eux-mêmes tout petits-enfants... Et puis?... et puis, c'est tout.

Haudaudine, dont je saluais respectueusement le tombeau dans un précédent chapitre, mérite mieux que ce souvenir banal et erroné. Quand une ville peut revendiquer une gloire aussi pure que celle-là, et qu'il lui est permis d'offrir un pareil exemple à tous les patriotes, il convient que tous ceux qui se réclament du titre de Nantais, connaissent ce modeste citoyen que l'histoire a pu, sans flatterie, comparer à Régulus.

Haudaudine était un négociant de l'île Feydeau et comme tel, il faisait partie du bataillon de la garde nationale, recruté dans ce quartier de la ville. Lorsqu'en 1793, Nantes fut menacée par la chouannerie, il partit avec ses compagnons d'armes pour la défendre ; il se battit courageusement, fut fait prisonnier à Legé et de là conduit à Montaigu.

L'idée vint au chef des rebelles de proposer aux administrateurs de Nantes un échange de prisonniers. Trois gardes nationaux acceptèrent cette mission, non sans avoir donné leur parole de revenir à Montaigu pour en rapporter le résultat bon ou mauvais. Haudaudine fut du nombre.

C'était le 25 floréal (en style vulgaire le 14 mai 1793) qu'ils se présentèrent dans la soirée au comité d'administration. Ils avaient embrassé les leurs et s'acquittaient de leur tâche délicate.

La réponse du comité d'administration fut ce qu'elle devait être ; on ne traite pas avec des ennemis en révolte contre les lois du pays et c'est faire injure à une assemblée républicaine que de la supposer capable d'une telle transaction. Ce ne fut pas même un refus d'accepter l'échange, mais quelque chose de plus dédaigneux peut-être, un refus de délibérer. Cette décision, ce ne fut pas seulement le comité supérieur qui la prit, mais, en même temps que lui et à l'unanimité, les sociétés populaires, l'état-major de la garde nationale et les membres des principales administrations publiques.

Voilà comment fut reçue la proposition d'échange ; quant aux trois ambassadeurs qui, somme toute, n'avaient fait qu'accepter une mission d'humanité dans le but de conserver des défenseurs à la République, il semble que les hommes d'alors, sous l'empire des circonstances imminentes et de l'exaltation du moment, méconnurent tout ce qu'il y avait de grandeur et d'abnégation dans leur conduite. On les traita de lâches, d'abord parce qu'ils n'avaient pas repoussé une mission qu'on qualifiait d'*infamante*, ensuite parce qu'ils songeaient à tenir la parole donnée à des brigands et qu'ils parlaient de retourner à Montaigu et de s'y constituer de nouveau prisonniers.

Ces objurgations, jointes aux larmes de leurs parents désespérés de voir ainsi ceux qui leur étaient chers courir au-devant de la mort, ébranlèrent deux des gardes nationaux, dont l'histoire a gardé les noms : Babin et Chamier. Le troisième, Haudaudine, fut inflexible. Il eut ce rare courage de sortir de la ville et de reprendre tout simplement sa place au milieu des autres prisonniers dont il venait de sauver la vie, en leur sacrifiant la sienne. Les chouans eux-mêmes durent s'incliner devant ce dévouement qu'ils ne soupçonnaient pas.

La France entière put bientôt le connaître et y applaudir. Le *Moniteur universel* — journal officiel de la Révolution française, où sont imprimées sur papier à chandelles, avec d'affreuses têtes-de-clou, les plus belles pages de l'histoire de France — prêta à cet acte d'héroïsme sa retentissante publicité.

Voici la reproduction textuelle de la lettre qui y figure en première page, avec l'orthographe erronée du nom d'Haudaudine :

GAZETTE NATIONALE

OU LE MONITEUR UNIVERSEL

No 160. — Dimanche 9 Juin 1793.

L'AN DEUXIÈME DE LA RÉPUBLIQUE FRANÇAISE

FRANCE

Département de la Loire-Inférieure.

Nantes, le 30 Mai.

La République Française a aussi ses Régulus. L'histoire romaine n'a rien de plus beau que le trait qui suit :

Dans une affaire contre les brigands, plusieurs des nôtres furent faits prisonniers; parmi eux se trouva un jeune citoyen de cette ville, excellent patriote; après s'être bien battu, il fut obligé de suivre le torrent de ceux qui fuyaient; mais, dans sa retraite, il faisait toujours le coup de feu; accablé de fatigue, il prend le bras d'un ami. Celui-ci est tué à l'instant à côté d'*Hododine,* c'est le nom du jeune patriote qui, forcé alors de se coucher sur la terre, tombe au pouvoir des rebelles; les chefs l'envoient avec deux autres prisonniers au département de la Loire-Inférieure, pour y proposer l'échange des prisonniers.

Tous trois se rendent à Nantes, après avoir donné leur parole d'honneur de retourner, quelle que fût la réponse. Les rebelles les avaient d'ailleurs assurés que, dans le cas où ils manqueraient à leur parole, ils sacrifieraient jusqu'au dernier des prisonniers qui étaient en leur pouvoir.

Rendus à Nantes, les administrateurs les reçurent fort mal; ils ajoutèrent que la parole qu'ils avaient donnée aux brigands, ne les obligeait pas, et même qu'ils ne devaient pas la tenir : les deux camarades d'Hododine profitèrent de la leçon et déclarèrent qu'ils ne retourneraient pas vers les brigands; ils demeurèrent alors libres de se retirer chez eux. Hododine répondit aux administrateurs que la religion qu'ils lui prêchaient n'était pas celle de son cœur; que, quel que fût le sort qui l'attendait, il retournerait vers les rebelles, ne voulant pas se rendre coupable du massacre de ses frères. Le lendemain, il partit pour reprendre ses fers.

Ses deux lâches camarades sont toujours ici; mais le mépris public nous délivrera bientôt de leur présence.

Puisse le retour d'Hododine parmi les rebelles suffire pour sauver nos prisonniers et le sauver lui-même ! Il n'est pas un bon citoyen ici qui ne voulût avoir fait une aussi belle action.....

Le vœu qui terminait cette lettre fut exaucé. Les prisonniers furent momentanément épargnés, mais Haudaudine ne recouvra pas la liberté immédiate. Il se trouvait le 18 octobre suivant, enfermé avec d'autres *bleus,* dans l'église de Saint-Florent-le-Vieil, où ils auraient été sans doute canonnés à bout portant — voilà comment les chouans faisaient la guerre ! — si Bonchamp, agonisant, n'avait ordonné de surseoir à l'exécution. Ce sursis permit à l'armée républicaine, qui approchait, de les rendre à la liberté.

C'étaient, au demeurant, des hommes qui ne connaissaient pas la peur. N'est-ce pas l'un d'eux, Laveau, simple volontaire au bataillon départemental de la Loire-Inférieure, qui, en prévision de la mort, s'écriait : « — Je ne veux pas » qu'on puisse confondre le cadavre d'un républicain avec » celui d'un esclave, » et qui, par de légères incisions faites au couteau, se traçait sur le bras gauche le mot de *Liberté* en lettres sanglantes ?

Bonchamp ne songeait pas qu'en épargnant la vie d'Haudaudine et de ses compagnons, il préparait pour l'avenir des défenseurs infatigables à sa propre famille. Tandis qu'il mourait pour le roy et pour la religion catholique (1), sa veuve, poursuivie à raison de ses attaches royalistes, comparaissait au Mans devant un tribunal militaire qui la condamnait à mort.

Haudaudine l'apprend, il organise aussitôt à Nantes une pétition en faveur de la pauvre femme, obtient de la Convention qu'elle soit examinée par le comité de législation, voit les membres de ce comité, notamment Pons (de Verdun) qui en était le rapporteur, et finit par l'emporter.

Le 29 nivôse an III, un décret voté par acclamation rendait la veuve de Bonchamp à la liberté. Je vous en donne le texte même qui, sans désigner nommément Haudaudine, vise cependant la pétition venue de Nantes :

La Convention Nationale,

Après avoir entendu le rapport de son Comité de législation,

Sur la pétition d'un grand nombre d'habitants de la commune de Nantes et de volontaires nationaux en faveur de la veuve Bonchamp, condamnée à mort par la commission militaire établie au Mans le 17 germinal dernier, comme convaincue d'avoir suivi l'armée des rebelles de Vendée, avec une intention hostile et à l'exécution de laquelle il a été sursis parce qu'elle s'est déclarée enceinte ;

Considérant qu'il est prouvé que la citoyenne Bonchamp, à la suite d'une action, a sauvé la vie à un grand nombre de patriotes ;

Qu'il est d'ailleurs conséquent au décret du 14 frimaire de la faire jouir de l'amnistie qu'il prononce,

Décrète que le jugement de la commission militaire établie au

(1) Antithèse curieuse : sous Louis XIII, un des aïeux de Bonchamp avait été décapité comme calviniste et convaincu à ce titre du crime de lèse-majesté.

Mans le 17 germinal, qui a condamné la citoyenne Bonchamp à mort, est comme non avenu et qu'elle sera mise en liberté,

Charge la commission des administrations civiles, de police et des tribunaux de l'exécution du présent décret.

Haudaudine s'acquit, grâce à tant de vertus, l'admiration unanime. J'ai vu chez un de nos concitoyens, M. Georges Lafont, qui en prend un soin religieux, le fusil d'honneur offert au Régulus Nantais en souvenir de son civisme. Ce n'est pas un fusil de calibre, mais une arme faite tout exprès pour Haudaudine et qui sortait des ateliers de M. Cassaignard, dont le petit-fils, entrepreneur de serrurerie, continue parmi nous les traditions d'honorabilité. Sur trois plaques de cuivre qui en garnissent le bois, se lisent les inscriptions suivantes :

AU RÉGULUS NANTAIS, A PIERRE HAUDAUDINE

14 MAI 1793 — SAINT-FLORENT.

MONITEUR P. 689

La baïonnette est ajustée au canon et quelques cartouches enveloppées encore dans le papier parcheminé de l'époque, sont jointes à cette arme unique.

Comment ce fusil à pierre passa-t-il des mains de son premier détenteur dans celles de M. Dortel, porte-drapeau du bataillon des sapeurs-pompiers, qui en fit don à son possesseur actuel? C'est ce que je ne me charge pas de vous apprendre. Toujours est-il qu'Haudaudine une fois mort sans postérité, beaucoup d'objets qui lui avaient appartenu, durent se disperser de droite et de gauche. Il laissait au surplus, une fortune très importante dont profitèrent deux jeunes gens de notre ville, le frère et la sœur. L'un est mort depuis aux Etats-Unis, après une existence brillante d'abord, et qui fut lamentable à son déclin; l'autre qui s'est mariée à l'un de nos concitoyens, vit encore aujourd'hui à Paris dans le monde le plus respectable de la capitale. Peut-être trouverait-on là quelques reliques, souvenirs précieux d'Haudaudine, notamment son portrait par un peintre du temps, (j'ai vu ce portrait autrefois!) son buste, toutes choses dont la municipalité de Nantes ferait bien de s'assurer la possession au moins pour l'avenir; mais ce que l'historiographe rencontrerait à coup sûr auprès de la dernière légataire d'Haudaudine, ce sont des détails intimes, des lettres de lui ou des notes inédites qui pourraient jeter encore plus de lumière sur ce grand patriote.

LE JEU AU CERCLE DU SPORT

Les " Quatre Saisons " de Picou. — Le tapis vert du cercle du Sport. — Jean, concierge, buvetier, prêteur d'argent, rentier. — Types de joueurs : le colonel à la toque de jockey, le gentleman ennemi des " comètes ", etc. — Les fétiches des joueurs : casquette, paravent, trousseau de clef, arrosage naturaliste, etc. — Les jeux de l'amour et du hasard.

Il me tombait sous les yeux, il y a quelque temps, une curieuse lettre pastorale de Monseigneur l'évêque de Monaco pour le carême de 1882. Le mandement roulait sur le jeu et dénonçait à l'animadversion publique cette soif impie de l'or qui dévore notre génération. *Auri sacra fames,* s'écriait le prélat, citant Virgile à côté de Tertullien et le concile de Lyon en même temps que l'Enéide.

Point ne veux, vous le comprenez, apprécier ici la lettre de l'évêque de Monaco et rougir avec lui de voir attachées à l'orchestre de la maison de jeux des personnes de la maîtrise de la cathédrale de la principauté. Je pensais seulement que le digne prélat aurait eu fort affaire jadis pour moraliser dans notre bonne ville les joueurs effrénés qui y tenaient leurs assises.

Montons ensemble, à quelque trente ans de distance, les marches de l'ancien hôtel Chardonneau, alors un cercle privé, avant de devenir l'établissement public du Sport. Picou avait déjà illustré les panneaux de la grande salle du fond des Quatre Saisons, qui y regardent aujourd'hui, tout étonnées, les garçons en tablier blanc passer, rapides et adroits, avec leurs bocks mousseux de bière blonde ou leurs bruns mazagrans.

Ah! si elles pouvaient descendre de leur panneau, et qu'elles eussent des bouches comme on dit que les murs ont des oreilles, que ne raconteraient-elles pas, ces confidentes muettes des nuits enfiévrées d'autrefois ? Là où un quatuor de voyageurs de commerce jouent en trente-quatre de manille liés un franc soixante de consommations, des fortunes entières se sont englouties en une soirée sous le rateau dévorant du croupier. On jouait un jeu d'enfer avec un entrain effrayant : mais, pour satisfaire aux appétits de l'ogre insatiable, il fallait être hospitalier à tout le monde et fermer souvent les yeux quand il s'agissait d'admissions. Les boules noires n'y étaient pas inconnues, mais on ne s'en servait guère et sur ce chapitre-là, la devise du Sport eût été volontiers celle-ci : — Bien venu qui rapporte!

Quant à l'avertissement qu'il eût fallu graver en lettres de feu à la porte des salles de jeu, c'est à Dante ou à Musset qu'il aurait convenu de l'emprunter :

.... Mettez bas le chapeau,
Vous qui venez ici, mettez bas l'espérance :
Derrière ces piliers, dans cette salle immense,
S'étale un tapis vert, sur lequel se balance
Un grand lustre blafard au bout d'un oripeau
Que dispute à la nuit une pourpre en lambeau.

Où sont ces physionomies originales que tous les Nantais de mon âge ont coudoyées dans ces salons ? où sont ces figures curieuses, dignes de tenter le moraliste et le dramaturge qui risquaient leur fortune sur une carte ? ces types que Boileau a entrevus dans sa satire sur les *Femmes* et que Molière semble avoir dédaignés, lorsqu'il fustigeait, en riant et en faisant rire, les mœurs de son temps ?

L'un des plus curieux était assurément le concierge du Sport, Jean, — point n'est besoin de le désigner autrement — qui, de garçon servant dans le cercle précédent, avait été accepté par le nouveau propriétaire pour veiller aux barrières de ce petit Louvre.

Ses débuts furent modestes : il n'avait à sa disposition que quelques centaines de francs ; mais quelle sortie splendide ! En prêtant aux joueurs malheureux les fonds peu à peu plus considérables qu'il détenait et en les retrouvant, avec de larges dédommagements, quand la chance leur redevenait favorable, il avait fini, comme on dit, par arrondir sa pelote. Personne en effet n'est plus généreux que le joueur heureux. Il oublie que la fortune et les vents sont changeants, que des piles de louis d'or, rapidement gagnées, on peut dire avec le poète :

Le flux les apporta, le reflux les remporte

il ne songe qu'à son bonheur présent et en fait profiter ceux surtout qui y ont contribué.

De nouvelles ressources s'ajoutèrent bientôt à celles du banquier attitré de Messieurs les joueurs. Jean obtint le service des soupers. Il y avait table toujours ouverte et bien des gens finissaient en quelque sorte par prendre là leur pension. La moindre consommation s'y payait sans barguigner. Mais — et c'est là ce que je tiens à signaler à l'attention de ceux qui pourraient écrire quelque jour venant, la philosophie du jeu — plus le concierge du Sport s'enrichissait, plus il devenait mélancolique : qu'il eut affaire à un joueur heureux ou non, il avait une figure bouleversée et semblait toujours revenir de porter le diable en terre. Le perdant le plus incorrigible n'avait pas plus que lui cet air dolent, cette mine atterrée du joueur décavé qui tourmente dans sa poche la gachette du revolver sauveur. Mais sous cette enveloppe taciturne se dissimulait un rayonnement intérieur, une joie profonde de l'homme que sa vertu personnelle enrichit aux dépens des vices d'autrui.

Le jour où le café actuel remplaça le Sport, Jean, le modeste employé que je viens de vous dépeindre, se retira, fortune faite, avec une vingtaine de mille livres de rente. Et que ce capital de quatre à cinq cent mille francs ne vous effraie pas, il vous paraîtrait tout naturel si vous aviez pu assister, comme moi, à ces parties monstres où s'engloutissaient des fortunes. Je vois encore avec un vertigineux souvenir les corbeilles où s'entassaient presque sans compter des billets de banque et des louis d'or : car c'était dans de larges corbeilles que se relevaient les banques de baccarat.

Je vois toujours, autour du tapis vert, ces joueurs intrépides, luttant contre vents et marée, et

Ces croupiers nasillards chevrotant en cadence,
Au son des instruments, leurs mots mystérieux ;
Tout est joie et chansons ; la roulette commence :
Ils lui donnent le branle, ils la mettent en danse,
Et, ratissant gaîment l'or qui scintille aux yeux,
Ils jardinent ainsi sur un rhythme joyeux.

Tel colonel, à qui ses infortunes conjugales avaient fait en ville une réputation bruyante, avait voulu chercher auprès de la dame de pique des consolations sonnantes et trébuchantes. Malheureux en ménage, heureux au jeu ! Ce ne fut pas toujours vrai pour lui, et pourtant nul, plus que lui, n'avait de droits aux bonnes grâces de l'inconstante Fortune. N'était-il pas de ses plus fervents adorateurs? Le matin, à la diane, en quittant le cercle où il venait de passer la nuit, il revêtait l'uniforme et s'en allait inspecter son régiment avec une régularité qui ne reçut jamais d'accroc; puis, cette besogne une fois achevée, il revenait de lui-même au Sport, non sans avoir substitué un *complet* civil à l'uniforme d'officier supérieur. Quelques instants avant la partie, il se jetait tout habillé dans un coin sur un divan capitonné, et c'est là qu'il dormait pendant une demi-heure, tranquille et calme comme le grand Condé avant la bataille de Rocroy, reprenant sur ce lit de camp d'un nouveau genre des forces pour le combat où César, Charlemagne, Alexandre, Lahire, Hector, tous les héros, tous les grands capitaines des temps passés, venaient à son secours en mettant des atouts dans son jeu.

Au réveil, qui ne tardait guère, il prenait une casquette de jockey en velours carmélite, qu'il considérait comme un porte-bonheur, une amulette. Mais l'infortuné colonel ne devait pas être né coiffé. Il perdait généralement, mais n'en continuait pas moins à jouer avec une philosophie que l'adversité la plus inébranlable ne parvenait pas à démonter.

C'est qu'il jouait la partie pour elle-même : le jeu l'intéressait plus que le gain ou la perte et quand parfois, à huit heures du matin, après une nuit passée tout entière autour du tapis vert, les garçons de salle entraient pour aérer la pièce et donner un coup de balai :

— Palsambleu ! s'écriait-il, on ne peut donc pas jouer tranquille ici.

Il s'étonnait également de ce que le cercle ne prévît pas les moindres besoins des habitués. Comment n'y trouvait-on pas mouchoirs ou parapluies quand par distraction on avait oublié d'en apporter de chez soi ? Il faisait à la caisse de fréquents emprunts et les remboursait d'ailleurs si péniblement qu'on finit par trouver des défaites honnêtes pour lui refuser les moindres avances. On prétextait qu'il n'y avait plus de fonds disponibles.

— C'est pitoyable ! disait-il. Ne devrait-il pas y avoir là toujours une centaine de mille francs à la disposition des joueurs pour alimenter la partie ?

Tel autre, causeur spirituel et jeune, cavalier plein d'entrain, tenait la partie à l'écarté contre tous les parieurs qui se présentaient, mais n'admettait personne à parier dans son jeu. Ce qu'il redoutait surtout, c'étaient les *comètes*, c'est-à-dire ces amis maladroits qui se tiennent debout ou assis derrière le joueur et laissent trop deviner sur leur physionomie mobile le jeu favorable ou non de celui auquel ils s'intéressent. Aussi, pour éloigner ces fâcheux, ne jouait-il qu'enveloppé d'un paravent qui ne permettait à personne de l'approcher. Au rubicon, ainsi nommé parce qu'il faut passer un certain nombre de points sous peine de payer des différences considérables, il jouait d'ordinaire à raison de 5 francs le point, ce qui, avant le dîner, entraînait facilement en guise d'absinthe, des différences de vingt à trente mille francs. La chance le favorisa au point de lui permettre de déposer quelques centaines de mille francs chez un banquier de la ville.

Mais c'est surtout pour les joueurs que la Roche Tarpéienne est près du Capitole. Notre homme arriva au bout de son rouleau avant d'avoir épuisé le carnet de chèques dont l'avait gratifié son banquier. Quand il vit que tout son bien avait disparu, il en fit autant, il disparut à son tour et s'en fut à la Trappe de La Meilleraye, non loin de Châteaubriant, y enfouir ses illusions perdues.

Mais il se lassa bientôt

de creuser l'asile de la mort.

Il revint, perdit, gagna, perdit encore et s'évanouit un beau jour, en laissant des différences considérables. La semaine suivante, arrivait de Marseille un télégramme qui donnait de ses nouvelles :

— Qu'on se rassure, je suis au Phocéen et je les plume.

Vain espoir! c'était bien la dernière lueur d'une lampe qui s'éteignait. Le pauvre garçon est mort aux environs de La Vera-Cruz, en jouant probablement au *monte*. C'était un bon diable dont le bon Dieu aura certainement pris pitié dans ce monde meilleur où le valet de trèfle est inconnu.

Tel autre n'est pas mort, mais il a mal tourné. Il passait d'une joie qui frisait l'arrogance au plus profond accablement. Après des alternatives de succès et de revers, la déveine ne le quitta plus. Autant de parties engagées par lui, autant de Waterloos où sa fortune de carton s'écroulait comme un frêle château de cartes. Ce qui l'irritait le plus — et il y avait bien un peu de quoi — c'était de voir un des joueurs perdre constamment contre tout le monde et de ne pouvoir gagner même ce joueur-là.

Vous savez que les fétiches les plus bizarres s'étalent sans vergogne dans le monde des joueurs. Je vous ai parlé de la casquette de jockey du colonel : tel autre ne touchait aux cartes qu'entouré de toutes les clefs de son trousseau et plaçait surtout avec un soin religieux celle de sa maîtresse : le dernier joueur avait un moyen plus naturaliste d'interrompre la déveine. Perdait-il sans éclaircie, il se levait brusquement, se dirigeait vers le foyer où les bûches qui flambaient tout à l'heure, s'étaient peu à peu métamorphosées en cendres grisaille et il renouvelait, en les faisant rejaillir de toutes parts, l'exploit *shocking* de Gulliver essayant d'éteindre l'incendie du palais de la reine pudibonde de Lilliput.

Il tient les écritures aujourd'hui pour la surintendante d'une de ces maisons vouées à la Vénus banale. Aux jeux du hasard ont succédé pour ce comptable dévoyé, les jeux de l'amour à prix fixe. La rouge et la noire ne peuvent plus intéresser le pauvre *sans-le-sou*; il enregistre ce que rapportent la rousse et la brune, et à défaut de la dame de trèfle, ce sont des filles en carte dont il inscrit les mérites biseautés sur le grand-livre de l'immoralité publique.

De toutes ces nuits d'autrefois dont je viens de faire passer sous vos yeux quelques-uns des acteurs, disparus à présent de la scène du monde, il ne reste rien dans le Sport actuel, rien... que les Quatre Saisons toujours prêtes à prendre leur vol vers des sphères plus éthérées, où elles ne verront plus les garçons de café, en tablier blanc, circuler, rapides et adroits, avec leurs plateaux chargés de bocks mousseux de bière blonde ou de bruns mazagrans.

LIONNES ET GRISETTES DU TEMPS JADIS

Les crébillonneuses. — Vieilles gardes et recrues du bataillon de Cythère. — Les grisettes d'autrefois. — Adresse pour l'amour à l'Assemblée nationale. — La brune Fanny et Michelet et le curé du Pouliguen. — Grandeur et décadence d'une lionne.

Je ne suis jamais monté, comme je l'ai vu faire le dimanche en Angleterre, sur les bornes, au coin des rues, pour prêcher la vertu aux passants : je dédaigne les tirades philosophiques que débitent contre les faiblesses humaines ceux-là surtout qui auraient besoin d'indulgence, et j'excuse les folies de la jeunesse, dont je regrette pour moi-même le mouvement et l'ardeur tumultueuse.

Mais n'est-il pas permis d'être parfois écœuré et indigné de l'invasion insolente de la rue, où les honnêtes gens risquent de ne plus pouvoir passer sans être éclaboussés par des femmes d'allures équivoques et de mœurs légères, pêches à quinze sols sur le duvet desquelles toutes les dents ont mordu ? A certaines heures de l'après-midi, tandis que le négociant pressé achève son courrier et que l'oisif s'attable sous la verandah du café, en s'amusant à postillonner l'absinthe aux tons opalins, de la place Saint-Pierre à la rue Franklin, vont et viennent, dans une navette incessante, ce qu'on appelait hier les belles-petites, ce qui s'appelle aujourd'hui les horizontales. — Dieu sait de quel sobriquet bizarre ou honteux le mépris public les affublera demain.

Quelques-unes sont jolies, elles ont la beauté du diable, de grands yeux que le crayon allonge encore, des lèvres que colore le pinceau complaisant, des dents qui doivent à l'art plus qu'à la nature le secret de leur blancheur, et je ne veux pas parler de ces autres avantages qui se dérobent aux investigations de l'œil nu sous le chatoiement d'une riche toilette. La plupart sont vieilles avant l'âge, la sinistre patte d'oie au coin des yeux, les traits tirés, la figure rongée par les *cold cream* à la mode et par toute cette chimie de boudoir qui dévore la carnation et fait songer à ces écriteaux avertisseurs des magasins en réparation : *Prenez garde à la peinture!* Si du moins aux charmes décroissants se substituait la grâce éternellement jeune de l'esprit, l'agrément de la conversation, le piquant de la répartie, ce je ne sais quoi de séduisant qui retenait auprès des marquises décrépites du XVIIIe siècle les jeunes abbés de cour et les gentilshommes les plus distingués de l'époque ! Mais non, les femmes galantes d'à présent à peine dégrossies, sans instruction ni tenue, ne s'élèvent guère au-dessus du niveau banal des commérages de la ville; elles parlent, d'ordinaire avec des *cuirs*, des ruptures entre un amant et sa maîtresse, des recrues enrégimentées dans le bataillon de Cythère, qu'elles écriraient « Six terres », si elles savaient écrire, des toilettes qui ont balayé les trottoirs de la rue Crébillon, d'une rixe à coup d'ombrelle dans quelque brasserie en vogue et encore faut-il se féliciter si de ces lèvres roses ne sortent pas des propos grossiers ou des épithètes malsonnantes, dites d'une voix de rogomme, qui rappellent ces crapauds et ces vipères que la vilaine princesse des *Contes de Perrault* expectorait toutes les fois qu'elle entr'ouvrait la bouche.

Je ne fais pas notre jeunesse meilleure qu'elle n'était et je ne viens nullement,

laudator temporis acti,

vous présenter les vieillards d'à présent comme ayant été de petits saints à l'époque où ils ciraient triomphalement la pointe de leurs moustaches, mais ce que je puis vous affirmer, c'est qu'il y a quarante ou cinquante ans, les femmes galantes de Nantes avaient une attitude infiniment plus discrète que la génération turbulente qui leur a succédé.

Elles étaient peu nombreuses d'ailleurs, et comme si elles avaient eu conscience de l'état d'infériorité morale où les plaçait la frivolité de leurs amours éphémères, non-seulement elles ne s'affichaient pas avec l'ostentation insolente d'aujourd'hui, mais elles tenaient au contraire à mener une conduite discrète, presque rangée, qui sauvât les apparences. Elles travaillaient pendant la journée, maniaient l'aiguille et les ciseaux et, à de rares exceptions près, elles ne se vendaient pas au dernier et plus fort enchérisseur. Non pas qu'elles fussent d'une inébranlable constance, mais si elles changeaient de maîtres, du moins ne s'en offraient-elles pas plusieurs à la fois.

C'étaient des grisettes, dans le meilleur sens du mot, qui, à défaut d'une instruction bien profonde, avaient cet esprit naturel aux fillettes qui ont poussé et grandi entre les pavés d'une grande ville, dégourdies sans être vicieuses, alertes sans être corrompues, propres dans leur mise autant que dans leur langage, nantaises et non bretonnes.

Plus d'une eût signé sans doute, à condition de le savoir faire, cette adresse à l'Assemblée constituante de 1789 en faveur de l'Amour. La galanterie du XVIIIe siècle s'y devine.

C'est sans doute quelque encyclopédiste qui, faisant trêve aux discussions sereines de quelque haute thèse de droit humain, a rimé sur les genoux de sa belle cette adresse que je retrouve dans la correspondance de Grimm, et qui était peut-être de lui :

ADRESSE POUR L'AMOUR A L'ASSEMBLÉE NATIONALE

L'Amour a d'antiques aïeux,
Il est issu d'une déesse ;
Quoiqu'enfant, l'Amour est bien vieux,
Et vous ne doutez pas, je crois, de sa noblesse.
Apprenez donc tous ses secrets ;
On ne peut rien contre ses charmes,
Il gardera toujours ses armes,
Et se rit de tous les décrets.
Souvent on prit son nom pour séduire et pour plaire,
Et l'on nous trompe chaque jour.
Messieurs les députés, ne pourriez-vous pas faire
Un décret contre ceux qui profanent l'Amour ?
Ses titres sont anciens, ses grâces sont nouvelles,
Sa livrée offre aux yeux les plus tendres couleurs ;
Ce sont des guirlandes de fleurs,
Ajoutons-y des immortelles,
Laissons-lui son arc, son flambeau ;
Puisqu'il faut réformer, réformons-lui les ailes,
Empruntons seulement un moment son bandeau
Pour de ce siècle affreux nous cacher les querelles.
Que ce maître jeune et charmant
Nous console par sa présence ;
Laissons-nous gouverner très despotiquement ;
Rien n'est si doux que sa puissance.
Contre lui n'innovez donc rien
Dans votre sagesse profonde,
Et n'oubliez pas que du monde
Il est le premier citoyen.

Eh bien! les grisettes de mon jeune temps étaient encore les petites-filles de celles qui auraient approuvé l'adresse à l'Assemblée nationale. C'était peut-être une Nantaise, cette femme dont les mœurs légères n'avaient pas étouffé le patriotisme et qui, en adressant un don à la Convention pour la défense du territoire, en faisait naïvement connaître l'origine : « C'est, disait-elle — et sa lettre figure à la *Gazette nationale* — ce que j'ai gagné *en aimant.* »

Et s'il vous faut une preuve de plus des liens mystérieux qui unissent, comme par une franc-maçonnerie naturelle, les Aspasies des siècles passés à leurs descendantes même dégénérées d'à présent, ne la trouverez-vous pas dans ce détail? Il y a quelque temps, un dimanche soir, j'étais à ma fenêtre et je voyais des couples enlacés revenir joyeusement de la campagne, en chantant. Voici quelle était une de ces chansons :

Mon mari s'en est allé
A Châlons, en Champagne,
Il m'a laissée sans argent,
Mais avec mon.... enjouement
J'en gagne, j'en gagne, j'en gagne.

— Où diantre, me disais-je, ai-je entendu ce couplet là? Je ne l'avais pas entendu, mais je l'avais lu. Il fut fait au XVIIe siècle sur la marquise d'Uxelles, et si vous feuilletiez l'*Histoire amoureuse des Gaules,* de Bussy-Rabutin, vous l'y trouveriez sans doute en note au bas de quelque page. Comment non-seulement les paroles, mais la mélodie s'en sont-elles conservées jusqu'à nous? Je l'ignore: mais n'est-ce pas au moins un détail curieux à noter.

La question d'argent était secondaire : les femmes n'avaient pas alors voitures écussonnées et chevaux piaffant triomphalement, en remontant la rue Crébillon; elles n'étalaient pas avec impudeur leurs grâces maquillées dans les baignoires d'avant-scène du théâtre, en se mettant sous le feu même de la rampe, elles se réléguaient volontairement alors aux secondes galeries, dans des loges grillées et si vous consultiez les registres d'alors du tribunal de simple police, je doute que vous y rencontriez, aussi souvent qu'aujourd'hui, les femmes à la mode poursuivies pour tapage nocturne ou rixes légères.

Il y avait, je vous l'ai dit, des exceptions. Elles étaient rares, mais il y en avait. Adroite jusqu'au bout des doigts, spirituelle jusqu'au bout de la langue, Fanny — je me sers de ce prénom sans vous garantir qu'il soit exact et pour les seules commodités de ma chronique — savait prendre les hommes qui l'approchaient, par l'amour-propre plus peut-être que par l'amour. Brune aux yeux noirs, d'un velouté où il y avait plus de séduction charmante que de brutale provocation, portant admirablement la toilette, elle s'avançait avec un port majestueux comme la déesse dont parle le poète.

Cette reine était une sirène, dangereuse à ceux dont elle avait absorbé la passion, et qui ne se serait fait pardonner son âpreté à dévaliser ses amants millionnaires que par l'adresse qu'elle déployait dans l'extraction de ces mines d'or. Un officier supérieur qui s'était ruiné pour elle, fut destitué, dégradé et se donna la mort : des pères de famille oublièrent à ses pieds leur dignité, leur femme, leurs enfants, sans toutefois parvenir jamais à remplir son coffre-fort — véritable tonneau des Danaïdes. Le Pactole avait coulé dans le somptueux logis de Fanny, mais il ne s'y était pas arrêté.

Il lui arriva vers 1852 une avanie assez piquante pour que je vous la conte. Elle était allée s'installer pendant la saison d'été au Pouliguen où commençaient à s'édifier les premiers châlets. Son arrivée causa au presbytère un véritable scandale et le curé se mit en campagne, annonçant qu'il excommunierait sans pitié quiconque, en fournissant à cette fille de Satan les aliments nécessaires aux besoins de la vie, courrait à la perdition de son âme.

Fanny dut fuir cette plage moins hospitalière alors qu'aujourd'hui où elle donne, j'imagine, accès à toutes les femmes sans leur demander leurs papiers de mariage ou des certificats de bonne vie et mœurs. Que deviendraient les hôteliers de nos bains de mer et les propriétaires de châlets, si les curés de leurs paroisses, comme Jésus chassant les vendeurs du temple, expulsaient des plages sablonneuses les demi-mondaines qui en font les beaux jours? N'est-ce pas au Pouliguen que Jean Richepin a placé son roman de *La Glu* et Belot sa *Femme de Feu*?

Rapprochement piquant: c'est à la même époque que Michelet vint dans la Loire-Inférieure pour y oublier, loin des bruits du monde, les tristesses de la politique impériale. Il songea au Pouliguen et s'y rendit même, mais en apprenant son arrivée, le même curé prononça contre ceux qui frayeraient avec l'éminent historien, l'excommunication qui avait déjà frappé Fanny et c'est alors que Michelet, revenant sur ses pas, s'en fut chercher à la Haute-Forêt, en même temps que le repos qu'il avait rêvé au Pouliguen, les illusions de la mer qu'il retrouvait dans le bruissement des grands arbres de son jardin.

Fanny connut les revers de son existence dorée, elle fut condamnée correctionnellement à une peine assez grave pour avoir laissé sa fillette assister à certaines scènes singulièrement décolletées et peu faites pour exciter à la vertu cette jeune mineure déjà très émancipée d'elle-même, — les femmes n'y avaient gardé que leurs bas et les hommes que leurs faux-cols — et j'imagine que, malgré le luxe de son âge mûr, Fanny dut regretter plus d'une fois l'époque moins fortunée où, pour aller au bal, elle s'évadait de la maison de sa mère, marchande de galettes, établie sur la place Bretagne.

C'était dans une des maisons basses qui fuient vers la rue du Pont-Sauvetout et au premier étage qu'elle demeurait. Vers quatre ou cinq heures, elle rentrait et les jeunes gens, ses cavaliers, la hissaient à force de bras jusqu'à sa fenêtre restée entr'ouverte. Elle ne fréquentait pas encore les gants-jaunes à cette époque-là.

D'autres ont fini plus tristement qu'elle et vous pourriez rencontrer, tenant une maison garnie borgne, je dirais presque aveugle, une femme toute ratatinée et décrépite, dont la gaîté, la fraîcheur et l'esprit avaient fait autrefois une des grandes demi-mondaines de Nantes.

Elle était blonde alors comme Mimi-Pinson : aujourd'hui elle est toute grisonnante, mais je crois vraiment que de sa splendeur passée, il ne lui reste plus qu'une robe et qu'un bonnet.

Où trouver maintenant la moralité de cette chronique, s'il en est une ? Allons, soyons indulgent jusqu'à la fin et disons, pour elles, comme pour la *Dame aux Camélias*, qu'il leur sera beaucoup pardonné, parce qu'elles ont beaucoup aimé.

LES THÉATRES DISPARUS

Le Bignon-Lestard. — Les actrices du XVIIIe siècle. — L'incendie du théâtre Graslin. — *Zémire et Azor* et le Centenaire de la salle Graslin. — Les Variétés sur le quai d'Orléans. — Cirques, luttes et mélodrames. — Le tambour-major Lebœuf. — Les journaux de théâtre. — La *Corbeille nantaise*. — Riquiqui. — Une troupe dramatique comme il n'y en a plus.

Bien peu nombreux assurément sont ceux qui ont connu rue du Bignon-Lestard la première salle de spectacle de Nantes, vraiment digne de ce nom, et qui, paraît-il, était pour l'époque (1763-1812) une salle des plus sortables. Au rez-de-chaussée, trois cents places réparties entre le parquet, le parterre et les loges grillées; aux premières loges, deux cents places; cent soixante aux secondes, cent seulement aux troisièmes où conduisait un escalier de bois. L'orchestre disposé pour cinquante personnes, avait sa sortie sous le foyer; un grand café attenait au théâtre de la Comédie, comme on disait alors. Les balcons, les banquettes étaient recouverts de fourrures. De plus, grâce à une tolérance que d'aucuns regrettent sans doute aujourd'hui, le foyer des artistes était envahi par le public des habitués, et la plus charmante familiarité régnait alors entre les jeunes gens de la ville et les Célimènes de la troupe que dirigeait un certain Desmarets. Rien de moins surprenant d'ailleurs, attendu que Desmarets était en réalité commandité par une société de riches négociants nantais désireux de rivaliser avec celles de la capitale. Et ils y arrivaient...

— Mais, me direz-vous, en m'arrêtant, un mot d'abord, où prenez-vous la rue du Bignon-Lestard qui a disparu de toutes les cartes de la ville ?

— Mon Dieu, vous la connaissez bien. C'est tout bonnement la rue Rubens qui s'étendait autrefois jusqu'à la rue Franklin et qui a cédé à Scribe une partie de son parcours. L'ancienne salle de spectacle occupait l'emplacement qui faisait l'encoignure de la rue Rubens et de la rue Contrescarpe. Ce n'était pas précisément très élégant et très commode, et pourtant, il n'en fallait pas davantage pour entretenir à Nantes une vie artistique et littéraire qui depuis n'a peut-être pas eu de lendemain.

Ce serait chose piquante assurément que de reconstituer soit à l'aide des *journaux de famille* où sont consignés tant de petits faits locaux, soit par les relations imprimées ou manuscrites de fêtes municipales, soit encore grâce aux gazettes qui commençaient à paraître à Nantes, l'histoire du théâtre à cette époque où la vie intellectuelle avait atteint partout une intensité extrême.

Nantes disputait alors à Paris ses premiers sujets : la fameuse Raucourt — actrice d'une beauté exceptionnelle et douée de la puissance tragique plus qu'aucune autre artiste de son temps, n'avait pas quinze ans, quand elle débuta à Nantes, avant de faire courir à la Comédie Française le tout-Versailles d'alors et de mériter cet éloge de Voltaire devenu vieux : « Si j'étais à vingt ans, si j'avais un corps, une for-

» tune et surtout un cœur digne de vous, vous en auriez » l'hommage ; mais j'ai tout perdu. Il me reste à peine des » yeux pour vous voir, une âme pour vous admirer et une » main pour vous l'écrire » ; une cantatrice distinguée, Mlle Lenfant, qui se fit entendre pour la première fois la veille de Noël, donna lieu à ce jeu de mots : *Puer natus est nobis;* Lekain ne quitta pas Nantes sans laisser son nom à l'une des rues qui avoisinent le théâtre. Citerai-je encore Molé, Brizard, Monvel, père de la célèbre Mlle Mars, d'autres moins connus qui attiraient la foule au spectacle à ce point qu'on se vit obligé de donner deux représentations par jour, non pas le dimanche seulement comme aujourd'hui, mais même au cours de la semaine ?

Le parterre était debout, comme il l'est encore à Lyon, comme il l'était naguère à Rouen, et ce n'était pas fort agréable pour les paisibles bourgeois, foulés, au milieu d'une affluence tumultueuse et sans cesse agitée, au risque d'être étouffés, sans compter les rumeurs qui interrompaient souvent la représentation. Par contre, les jeunes élégants de l'époque, les talons-rouges de 1780, ce que l'on appelle aujourd'hui les *gommeux*, les *boudinés*, étalaient leurs grâces devant le public, du haut des banquettes placées sur la scène même, à droite et à gauche, au grand désespoir des acteurs, qui pouvaient à peine se remuer pour les besoins de leurs rôles.

Comment, avec de tels privilèges, n'auraient-ils pas mis à profit les droits que leur donnait leur commandite, pour faire la loi au directeur et au public tout entier ? Quelques-uns d'entr'eux — l'espèce n'en est peut-être pas absolument perdue — se mirent en tête un beau soir qu'ils avaient des reproches à faire au directeur Longo, et, réunis en petit conciliabule au café en renom, ils résolurent d'empêcher une brillante représentation annoncée pour le lendemain. En effet, le jour suivant, dès cinq heures — le théâtre commençait généralement vers six heures moins le quart — nos jeunes gens arrivent avant l'ouverture des bureaux, se placent sur deux lignes dans le couloir, et, là, tête haute, épée au côté, ils attendent les spectateurs. A ceux qui se présentent, ils déclarent qu'on ne jouera pas, que l'affiche doit être considérée comme non avenue et qu'au surplus, ils sont prêts à s'expliquer sur le terrain avec quiconque ne se tiendra pas pour satisfait.

Qui le croirait? il se trouva des spectateurs qui consentirent à s'aller couper la gorge. La plupart cependant prirent le parti de se retirer, en laissant le champ libre aux premiers occupants qui firent fermer le théâtre. Le lendemain, le directeur se vit obligé de demander excuse à genoux à ces jeunes despotes.

On ne donnait pas seulement la comédie au théâtre du Bignon-Lestard : quand au mois de mai 1777, le comte d'Artois, frère du roi, qui devait régner plus tard sous le vocable de Charles X, arriva à Nantes, il assista à la représentation du soir. On jouait la *Partie de chasse d'Henri IV* où il était facile à des acteurs ferrés sur leur métier de glisser adroitement quelques couplets à la louange de leur auguste auditeur.

Le lendemain, un bal paré fut offert au comte d'Artois dans la même salle sur laquelle un plancher avait été disposé pour prolonger la scène, et pendant toute la nuit, la ville resta illuminée en l'honneur du frère du roi. Vous devinez du reste ce que pouvaient être les illuminations même les plus brillantes à une époque où la municipalité comptait d'ordinaire sur la lune pour éclairer les rues de la ville.

Quelques affiches du temps sont encore aux mains de nos

collectionneurs. Elles sont imprimées sur papier à chandelle, en caractères usés, encadrées de vignettes grossières représentant, comme de juste, les attributs de la tragédie, de la comédie et de la danse tenus par des amours bouffis et affreux, mais ceux qui aiment les vieilles paperasses n'y regardent pas de si près.

Le texte suivant vous donnera une idée des habitudes d'alors en fait de composition d'affiche :

Par permission de Messieurs les Magistrats de cette ville et sous la protection de M. le Comte de Montmorin.

LES COMÉDIENS FRANÇAIS & ITALIENS

Donneront aujourd'hui Mardi 23 Août 1785

à cinq heures et demie précises du soir

L'HOMME SINGULIER

Comédie en cinq actes, de **DESTOUCHES**

SUIVIE

DU TONNELIER

Opéra-Bouffon en un acte, de M. AUDINOT

Incessamment **CRISPIN MÉDECIN**, Comédie en trois actes, jouée par les Enfants.

En attendant **ALEXIS & JUSTINE**, *Opéra-Bouffon en deux actes.*

On prendra, au Théâtre, aux premières Loges, Balcon et Parquet, **2 liv.**; aux secondes Loges, **30 s.** et au Parterre, **20 s.**

C'est dans la salle ordinaire des Spectacles.
Défenses aux gens de Livrée d'entrer, même en payant.

En 1784, une autre salle, celle des Menus-Plaisirs, avait

été ouverte par un sieur Jacques Béconnais, désireux, disait-il dans son boniment, de procurer aux habitants les petits spectacles des boulevards, dont ils étaient privés, faute d'une salle convenable. Le roi — qui n'en profita guère — y avait sa loge; la ville également. Un accident imprévu amena plus tard la décadence irrémédiable de cette salle : le 8 nivôse de l'an IX, la corde qui soutenait le petit lustre de l'amphithéâtre vint à se rompre, sans doute parce que les poulies ne jouaient pas, et le lustre tomba. Vous devinez la panique : les spectateurs s'étaient enfuis, éperdus, de la salle des Menus-Plaisirs, ils n'en retrouvèrent pas le chemin.

C'est peu après, en l'an 1788, c'est-à-dire au temps de la direction Longo, qu'il faut placer l'inauguration du Grand-Théâtre qui venait d'être construit, grâce à la générosité de M. l'intendant Graslin, à l'endroit où il s'élève encore aujourd'hui. Là du moins, le parterre était assis et l'architecte avait réussi, non sans peine, à enlever les banquettes qui obstruaient les deux côtés de la scène au profit de la jeunesse dorée de la fin de la monarchie. La fameuse Saint-Huberti vint s'y faire applaudir : Baptiste aîné et Baptiste cadet, qui étaient appelés l'un et l'autre à devenir, comme les frères Coquelin d'à-présent, sociétaires du Théâtre-Français, laissèrent à Nantes des souvenirs durables et flatteurs.

Avec la Révolution, le théâtre changea partout de caractère. On n'y adressa plus de couplets à l'éloge du roi, mais c'était à la nation que revenaient tous les hommages.

En 1793, un jeune acteur, qui, dans la tragédie de *Tancrède,* jouait le rôle du chevalier Catane, arrive en scène, sachant à peine son rôle. Grâce à son sang-froid et surtout à cet aide merveilleux — le souffleur —

Qui vient pour secourir la mémoire troublée.

il était parvenu au long récit du combat ; là sa mémoire lui fait soudain défaut, mais, sous l'empire de l'émotion et cédant à une inspiration sublime, il se met à parler non sans éloquence, des exploits de Tancrède et des soldats républicains, des chevaliers de Syracuse et de l'armée de Sambre-et-Meuse, il mêle aux vers de Voltaire les extraits du *Moniteur* et suant, haletant, gesticulant, il termine sa tirade au milieu des applaudissements et des cris d'enthousiasme de la foule.

Je ne garantirais pas aujourd'hui le même succès à son imitateur.

C'est sous l'administration de Danglas, un tapissier devenu directeur, que la salle brûla le mercredi 7 fructidor an IV. On jouait *Zémire et Azor*, l'opéra-comique fait par Grétry sur les paroles de Marmontel : le feu prit dans le transparent placé au-dessus de la porte de l'appartement de Zémire. Les théâtres brûlent vite aujourd'hui : ils brûlaient plus rapidement encore au siècle dernier, aussi en un instant l'édifice tout nouvellement construit devint-il la proie des flammes.

La partition de *Zémire et Azor* fut pourtant sauvée, et c'est sur l'édition du temps que dernièrement, lors du centenaire du théâtre Graslin (5 avril 1888), l'orchestre en exécutait l'ouverture.

Cinq ou six personnes attachées au théâtre, périrent au milieu du feu. Une pauvre femme enceinte et ses deux enfants nichés aux quatrièmes, dans une *box* exclusivement réservée aux employés du théâtre, à laquelle on n'accédait qu'en passant sur une espèce de pont installé dans les frises, furent brûlés vifs. Le Vestris de la troupe qui, regrettant le costume laissé par lui dans sa loge, était remonté pour le sauver, ne put redescendre à temps, malgré son agilité et périt asphyxié.

Cet incendie donna le signal d'une débâcle générale. Les acteurs se reconstituèrent tant bien que mal en société dans la salle du Chapeau-Rouge, mais sans y réussir comme par le passé, et ce n'est que plus tard que Ferville, à la fois acteur émérite et directeur en disponibilité, rouvrit rue du Moulin un théâtre dont le titre a du moins survécu : Le *Théâtre des Variétés.*

Il n'y resta pas bien longtemps.

Vous avez certes entendu parler du mouvement saint-simonien qui se dessina avec beaucoup d'intensité à Nantes vers 1831. Obstinés à joindre l'exemple à la règle qu'ils s'étaient imposée, les disciples d'Enfantin se plaisaient aux travaux manuels les plus vulgaires et c'est la vaillante phalange saint-simonienne qui creusa le canal Saint-Félix. Ils ne s'en tenaient pas là : une usine à gaz s'établissait alors à Nantes, à l'extrémité du quai d'Orléans, presqu'en face du pont actuel de l'Hôtel-de-Ville. Ils travaillèrent comme manœuvres, comme gâcheurs de plâtre aux fondations de cette usine et c'était merveille d'assister, le soir venu, aux réunions intellectuelles de ces hommes qui s'assemblaient dans leur petite auberge, une auberge du Pont-Sauvetout, pour y examiner les questions sociales les plus élevées, dont leurs chansons philosophiques interrompaient seules la discussion.

Les fondations de l'usine à gaz à peine terminées, les directeurs de cette entreprise tombèrent en déconfiture, et tandis qu'un peu plus loin, sur le quai des Tanneurs, s'élevait un autre établissement, définitif celui-là, et qui fonctionne encore aujourd'hui, l'usine à gaz manquée s'achevait sous la forme d'un cirque-théâtre qui prit le nom de Salle des Variétés.

On y jouait de tout un peu; luttes de force et de grâce, comédie et drame, exercices équestres, bals parés et masqués, fêtes au profit d'œuvres de bienfaisance, réunions de sociétés compagnoniques et autres, les Variétés, fidèles à leur titre, acceptaient tous les genres, hors le genre ennuyeux.

Le Grand-Théâtre s'en servait à l'occasion comme d'une succursale pour y donner des pièces qu'on ne considérait pas comme assez importantes pour leur assurer l'accès de la salle Graslin. En 1839 même, la direction Lemonnier divisa entre les deux scènes les divers genres alors en honneur, réservant au Grand-Théâtre l'opéra et l'opéra comique qui n'y faisaient pas d'argent et laissant aux Variétés les émotions poignantes des gros *mélos* de l'époque et les joyeusetés communicatives des vaudevilles de Charles de Bernard — qui, eux, faisaient recette et permettaient de joindre les deux bouts.

N'allez pas croire que les troupes de pacotilles seules se fissent entendre sur la scène des Variétés : j'y ai applaudi Ligier, Frédérick-Lemaître, Déjazet, qui illustrèrent de leur talent, le petit théâtre bâti par Pasquier.

Parmi les lutteurs qui s'y firent apprécier, l'un des plus remarquables, Lebœuf, devint plus tard tambour-major de la garde nationale. Il tenait en face de l'hôtel-de-ville un café où la garde nationale venait se désaltérer de la poussière du corps de garde; il en avait installé un autre sur le cours Saint-Pierre, non loin de l'ancien cercle des officiers, et il y faisait d'autant mieux ses affaires qu'à l'époque les revues étaient des plus fréquentes. Le soir c'était le rendez-vous de consommateurs d'un autre genre, qui avaient valu au café un qualificatif que les convenances ne me permettent pas de répéter ici.

Sublatâ causâ, tollitur effectus. Avec la disparition de la garde civique, s'évanouit la superbe canne-major de Lebœuf, son bonnet à poil empanaché d'un plumet tricolore, ses deux cafés. Il se retira, fortune faite, en Touraine, où il finit ses jours comme garde-chasse.

Je me rappelle cependant qu'il revint une fois à Nantes et donna une séance au manége Foucault (école de dressage de la rue Lafayette). C'était un dimanche dans l'après-midi et, comme tout lutteur qui se respecte, il avait défié ses collègues de France et de Navarre dans ce langage imagé, propre à messieurs les athlètes.

Quelle ne fut pas sa surprise, en apercevant aux premiers rangs du public, le fameux Rossignol-Rollin, arrivé du matin même à Nantes en compagnie d'un lutteur, Rabasson, qui, encore inconnu, devait se faire plus tard une véritable renommée dans sa partie. Il n'y avait alors de disponible pour un pareil spectacle que le manége Foucault que Lebœuf occupait et dont Rossignol-Rollin désirait vivement la possession. Rossignol-Rollin s'avança et, présentant Rabasson au public, il proposa à Lebœuf le pari suivant : — Une lutte s'engagerait entre Rabasson et lui, et la salle resterait l'enjeu du vainqueur.

Lebœuf accepta, mais fut battu et tomba lourdement sur le sol. *Procumbit humi bos.* Il disparut, et, pour ma part, je n'ai plus entendu parler de lui depuis.

Les spectacles étaient du reste fort courus à cette époque et je n'en veux pour preuve que le soin avec lequel étaient rédigés les journaux qui s'en occupaient spécialement :

La *Corbeille,* messager des salons et des théâtres, rédigée par Victor Mangin fils,

Le *Vert-Vert,* journal des salons et des théâtres, rédigé par M. Edmond Duverger.

Enfin, le *Furet,* revue de la semaine, journal du théâtre, par M. de Saint-Cérand.

L'entête de la *Corbeille* était assez plaisamment rédigé : à droite et à gauche d'une affreuse vignette, représentant deux jeunes femmes fagotées à la mode du temps, figuraient les détails relatifs aux dessins, aux abonnements pour Nantes et le dehors, aux annonces, etc. Voici comment elles étaient conçues, du moins pour l'exemplaire que je me trouve avoir conservé.

LA CORBEILLE

MESSAGER DES THÉATRES ET DES SALONS

Dimanche, 1er Mars, an 1840
Vendu 3 sous, le soir, aux théâtres de Nante

9me Numéro de la 5me Année
Depuis que la Corbeille en cette ville est née

DESSINS

Les abonnés à *la Corbeille*
Ont par trimestre cinq dessins,
Et parfois, selon nos desseins,
De la musique sans pareille.

ABONNEMENTS

A ce journal on s'abonne
Pour quatre francs par trois mois ;
Pour quinze francs on le donne
Par an cinquante-deux fois.

DEHORS

Par la poste les frais étant beaucoup plus forts
On paie un franc de plus par trimestre au dehors.

ANNONCES

Pour six sous chaque ligne est mise
Un franc dans le corps du journal ;
Les abonnés ont la remise
Du tiers du prix sur le total.

ON S'ABONNE :

C'est le point le plus utile,
Chez Guéraud, Laurant, Suireau,
Libraires en cette ville,
Ainsi qu'à notre bureau.

BUREAU

Dans la rue à laquelle on a donné le nom
Du poète Santeuil, philosophe en renom.

Pour être juste pourtant, je dois dire que la *Corbeille* s'occupait du Grand-Théâtre et des représentations lyriques avec plus d'assiduité que du répertoire moins noble des Variétés.

A un moment donné, la salle des Variétés avec son dôme gracieux, ses loges décorées de fresques et de tentures, sa scène où tant d'illustrations avaient passé, subit une métamorphose complète.

Un négociant en fers installa ses tôles et ses feuillards, là où la charmante Déjazet avait joué les *Premières Armes de Richelieu* et la *Chanoinesse*. Adieu, comédies fines et vaudevilles malicieux; adieu, mélodrames larmoyants et terribles; sensibles écuyères et lutteurs intrépides, adieu! Désormais la voûte sonore ne retentira plus que du vacarme affreux des plaques métalliques, du bruit des lourds marteaux retombant sur le fer et de la voix des charretiers faisant avancer péniblement leurs percherons ventrus sur cette piste où Franconi présentait ses pur-sang aux applaudissements de la foule enthousiaste.

Depuis, en vertu sans doute de la loi naturelle de la transformation permanente des choses, le vieux théâtre de la rue de l'Arche-Sèche a complétement disparu sous la pioche des démolisseurs : une filature de laines a remplacé le magasin de fers, un négociant en vins a établi ses caves là où se trouvait jadis le guichet du public et il ne resterait rien qui pût attester l'existence du cirque d'autrefois, si la place voisine en forme d'hémicycle n'en portait précisément le nom.

Comment ne pas mentionner encore, par un sympathique souvenir, une troupe célèbre, celle du cirque Franconi qui avait élevé l'équitation à une hauteur dont les établissements d'à présent ne donnent qu'une bien piètre idée? Peu d'exercices d'acrobatie, point de Léotards travaillant à trente pieds de terre, mais de véritables tableaux de genre où l'on mettait en scène les plus fameux cavaliers d'autrefois, Frédéric Grison, Antoine Pluvinel, le premier qui introduisit en France l'art de l'équitation, le marquis de Newcastle, François de La Guérinière, écuyer du roi, tous avec les costumes du temps, les caparaçons et l'école particulière à chacun de ces noms célèbres. L'étoile de la troupe était une écuyère qui réunissait, au dire des connaisseurs, la légèreté gracieuse de la Taglioni à la passion voluptueuse de Fanny Essler. Elle s'appelait Virginie Kennebel. Il lui arriva, pendant son séjour à Nantes, une fâcheuse aventure dont elle sortit heureusement saine et sauve. La représentation venait de finir, et la sylphide reposait depuis une heure dans sa chambre de la place Bretagne, quand le feu éclata à l'étage inférieur. Que faire en face d'un pareil danger? Comme les pupilles qui fuient par la jalousie les farouches Bartholos, l'écuyère attache sans hésitation ses rideaux à la fenêtre et se laisse glisser jusqu'à terre

Dans le simple appareil
D'une beauté qu'on vient d'arracher au sommeil.

La dernière fois que Franconi vint à Nantes, c'était, si j'ai bonne mémoire, en 1848 et il s'y trouvait précisément au moment de la révolution de Février. Les affiches pour la représentation du lendemain étaient déjà placardées : on y lisait à la suite du nom de Franconi, ces mots en caractères hauts d'un pied : *premier écuyer de Sa Majesté Louis-Philippe Ier*. A peine le bruit de la chûte de la monarchie de Juillet était-il arrivé à Nantes, que tremblant à la seule pensée du titre qu'il se donnait sur ses affiches, Florence, son premier régisseur, courut à quatre heures du matin chez l'imprimeur, le suppliant de faire aussi vite que possible.

apposer sur les placards des bandes transformant Franconi en premier écuyer du gouvernement provisoire.

*
* *

C'est au bas de la rue du Calvaire, dans une vieille masure installée là où s'élève aujourd'hui le superbe immeuble qui porte le numéro 3, que débuta, il y a quelque quarante ans, le théâtre des *Lilliputiens*, dit aussi Riquiqui, du sobriquet d'un pître fort amusant qui faisait la parade à la porte et que ses amis appelaient Adolphe dans l'intimité. Il avait cependant installé précédemment ses tréteaux sur le quai de la Fosse, alors que le chemin de fer n'avait pas encore abattu les ormeaux superbes qui lui faisaient une vénérable chevelure, à l'endroit qu'on appelle la cale aux Oranges et qui était, pour les baladins et les cases, la place Bretagne de l'époque.

Mais, direz-vous, pourquoi Lilliputiens? parce que les acteurs n'étaient autres que des marionnettes articulées avec soin et fort bien mises en jeu — ce qui, entre parenthèses, exige un véritable talent — par les directeurs de la troupe, le père et la mère Leroux. Ce petit théâtre, avec ses places à deux et à quatre sous — on mit plus tard les *premières* à six sous — faisait littéralement de l'or, et, pendant les quelques mois d'hiver qu'il restait à Nantes, avant de s'enfoncer en Bretagne — il refusait du monde aux trois représentations qu'il donnait chaque soir.

Et ne vous imaginez pas qu'il se bornât à des saynettes sans importance. On y représentait *Robert le Diable* et la *Juive*, sans la musique bien entendu, mais en suivant le livret avec une respectueuse fidélité, et le bon public d'applaudir à ces œuvres émouvantes, débarrassées des superfluités fastidieuses que Meyerbeer (on écrivait alors couramment Meyer Beer) et Halévy avaient cru devoir ajouter à la versification des paroliers de l'époque. Parfois le poète de la troupe — il y en avait un qui est mort ces dernières années seulement — lançait un drame de son crû qui faisait pâlir les succès de la capitale. Le *Petit Gars du Marchix* damait le pion à *Ruy Blas* et à *Marion Delorme.*

Comme intermède, les jeunes Leroux permettaient au public de juger de leurs petits talents : le frère et la sœur dansaient, au milieu d'une pluie d'oranges et de sucres d'orge, des pas d'enfants avec une aisance parfaite et une bonne grâce qui ne se lassait pas. Riquiqui intervenait à son tour avec la *Mère Larifla*, le *Chasseur d'Afrique* ou quelque autre chansonnette, *è finità la commedia!*

C'est là encore que la jeune Clara Leroux fit les premières expériences de somnambulisme, peu connu à Nantes jusque-là. Quant à l'orchestre, il se composait d'un violon et d'une clarinette, cette dernière fréquemment essoufflée, ce qui faisait dire dans la salle : — « Tiens, il n'a plus de vent dans sa bave ! »

Plus tard, les enfants Leroux grandirent et avec l'âge, ils prirent le goût des planches qu'ils avaient appris à brûler de si bonne heure : c'est ainsi que des marionnettes on en vint tout naturellement aux interprètes en chair et en os, sans avoir besoin de les chercher en dehors de la famille. Les fillettes se marièrent et les gendres furent enrégimentés dans le personnel des acteurs. L'un d'eux, Allain, peintre-décorateur avant son mariage, avait une fort jolie voix de ténor et chantait gentiment la chansonnette : pour endosser, le soir venu, le pourpoint galant des jeunes premiers, il n'oublia jamais qu'il savait aussi manier les pinceaux et c'est lui qui brossait tous les décors. Le rideau des entr'actes, qui représentait le passage Pommeraye, une des curiosités de Nantes à l'époque, était signé d'Allain. Cardon, l'autre gendre, était à l'imitation de Wilhelm Meister, poète à ses moments perdus : s'agissait-il, pour la revue de fin d'année, d'une tirade à effet débitée sur Nantes, son passé et son avenir, par quelque paladin breton, c'était Cardon qui alignait

De lourds alexandrins l'un sur l'autre enjambant
Comme des écoliers qui sortent de leur banc.

Le pauvre garçon mourut en vingt-quatre heures d'une piqûre de mouche charbonneuse. L'avant-veille, il jouait encore.

Enfin, un des acteurs les plus en vue de la troupe, intelligent et plein de ressources, c'était Malbeuf, un enfant de Nantes aussi lui, qui de mécanicien devint machiniste et qui, après avoir fait fonctionner les troisièmes dessous de la scène, finit par y monter et par devenir l'âme du théâtre transformé.

Comme de juste, la salle de la rue du Calvaire ne convenait plus à une troupe aussi sérieuse : elle alla s'installer rue Mercœur, sur l'emplacement actuel des Variétés, mais dans une salle invraisemblable, telle que j'en ai trouvé à Londres, dans les ruelles sombres qui descendent de la Cité aux docks Sainte-Catherine.

Il n'y avait, à vrai dire, que le parterre : les fauteuils de balcon n'y étaient représentés que par une galerie étroite qui courait au fond de la salle et sur la rampe de laquelle pendaient, menaçants, au-dessus du public, les souliers de tous les gars du Marchix, à cheval sur la balustrade. Comme pittoresque, cela ne laissait rien à désirer et le spectacle était bien plus souvent dans la salle que sur la scène.

Pouvait-il en être autrement en face d'une troupe dont les sujets, acteurs et actrices, avaient été, à l'école et dans les jeux de la rue, les compagnons du public? Les interpellations s'échangeaient par-delà la rampe, souvent avec un tutoiement familier, et j'ai vu, au moment le plus pathétique, quand le traître précipitait le jeune enfant par-dessus la margelle du puits, l'attention troublée par une détonation insolite. C'était un spectateur altéré qui, en coupant la ficelle du bouchon d'une bouteille de limonade à peu près gazeuse, venait de rendre à l'acide carbonique une liberté par trop bruyante. Ailleurs, on eût mis l'intrus à la porte : là, c'était chose toute naturelle, comme aussi de faire pleuvoir, sur le public du parterre, non pas seulement de molles pelures d'oranges, mais aussi des coquilles de noix et autres projectiles également désagréables. Et malheur à qui se fût avisé de se plaindre!

Riquiqui fit fortune : une revue de fin d'année, *Nantes à vol d'oiseau*, dont le personnel de la troupe avait fait les paroles, arrangé la musique, troussé lestement les couplets, brossé les décors, dessiné les costumes, réglé le ballet, mit le comble à la réputation de la petite salle où le gros public, cédant à une irrésistible curiosité, finit par risquer un pied, puis l'autre, puis le corps tout entier. On trouva cela superbe, étant donné l'exiguité du prix, en face du tour de force réalisé. La troupe nantaise devint à la mode et j'ai vu de splendides équipages arrêtés à onze heures du soir à la porte de ce taudis.

Enivrés de leurs succès, les directeurs résolurent de se construire un palais, et c'est alors, qu'après avoir discuté cette lourde réforme, on se décida à faire édifier la construction qui s'élève à présent au coin de la rue de l'Industrie. Spéculation malheureuse qui coûta aux uns la vie, aux autres une position laborieusement acquise, à tous le repos. J'ai lu, il y a quelque temps, dans la *Nouvelle Revue*, un roman qui pourrait bien être l'histoire quelque peu retouchée de la décadence de notre pauvre théâtre, c'est à peine si l'auteur a dissimulé les noms des personnages, mais je ne le suivrai pas dans cette voie. Ce sont là, en effet, des choses d'hier qui ne rentrent pas dans mon cadre et que pourra raconter, dans une cinquantaine d'années, à nos neveux quelque jeune homme d'à-présent, en passe de devenir comme moi, s'il plaît à Dieu, un Vieux Nantais.

MICHELET A NANTES

Le cèdre de Michelet. — Une citation de l'*Oiseau*. — La foudre sur le clocher de Saint-Félix. — Comment Michelet vécut à la Haute-Forêt. — La plaque commémorative. — Le boulevard Michelet.

Un exemplaire du *Voltaire*, vieux déjà de quelques années, qui vient de me tomber sous les yeux, a ravivé en moi des souvenirs lointains et presque endormis.

Il s'agit de Michelet, du penseur profond, de l'illustre historien, qui, au lendemain du coup d'Etat, cherchant quelque asile discret pour reposer son âme endolorie, vint se réfugier à Nantes, sur les coteaux de Saint-Félix, non loin de la petite église placée sous l'invocation du personnage sacré de ce nom.

— Je ne sais, disait en manière de conclusion, le rédacteur du *Voltaire*, je ne sais ce que devient la petite maison sur l'Erdre; mais il n'est pas utile de noter que ce coin de la Bretagne a été l'asile de Michelet, a été aimé de lui, et que sur ces coteaux battus des vents de mer, il a observé les oiseaux, les insectes, les plantes, écrit *Quatre-vingt-treize*, marqué l'empreinte de son pied, et de mêler un peu de reconnaissance humaine à l'hymne que les saisons chantent, en souvenir du maître disparu, autour de la maison abandonnée.

Ce que devient la petite maison de Michelet, je vais vous le dire :

Remontez la rue François-Bruneau, latérale à la route de Rennes, dirigez-vous du côté de l'église Saint-Félix, mais au lieu d'y rentrer, continuez votre chemin à gauche : vous arrivez bientôt à une grille toute blanche qui précède une allée sablée. Vous sonnez : bientôt accourt une servante et derrière elle, deux chiens, gardiens fidèles et doux, Pyrame et Phanor.

La porte s'ouvre et vous vous trouvez, en franchissant le seuil d'une petite baie ouverte à gauche dans la muraille, au milieu d'une propriété toute charmante. D'un côté basse-cour et faisanderie, de l'autre pelouses verdoyantes, pavillons et tonnelles, pont jeté sur une pièce d'eau, et au milieu, une maison élégante, avec perron bâtie dans le goût du jour. Arbres toujours verts et magnolias aux teintes brunes, sombres sapins venus du nord glacé et myrobolans transplantés des Indes orientales, toutes les essences des climats les plus divers sont réunis sur ce coteau et le transforment en un véritable bois sacré : mais de cet ensemble déjà merveilleux que rougissent çà et là des buissons de camélias en pleine terre, se détache élancé, superbe, majestueux, absorbant l'attention au point de n'en plus laisser pour le reste, un cèdre immense dont les branches horizontales semblent bénir cet Eden.

Vous approchez ; malgré vous, vous êtes attiré vers l'arbre gigantesque, comme dans la légende de Sindbad-le-Marin les navires bardés de fer étaient entraînés sur les roches

LE CÈDRE DE MICHELET

aimantées. Une plaque fixée au cèdre frappe vos yeux : qu'y lisez-vous ?

CÈDRE DE MICHELET

Séjour à la Haute-Forêt

Du 21 *Juin* 1852 *au* 16 *Octobre* 1853.

Mon cèdre vit-il encore ? Je ne sais. Les architectes ont la haine des arbres en ce temps.

(*L'Oiseau*, par J. Michelet, p. XLII.)

Librairie Hachette et Cie, 1856.

En effet, c'est là que Michelet a vécu, c'est là qu'il se retira au printemps de 1852, « accablé, comme il l'a écrit lui-même, par la tristesse de l'heure présente. »

Mais de cette propriété solitaire, de ce verger « où les nuits » moins étincelantes que celles du Midi, étaient légèrement » gazées d'une brume tiède, à travers laquelle les étoiles, » discrètement, envoyaient de doux regards, » il ne reste rien, absolument rien que le cèdre magnifique et peut-être quelques arbres anonymes perdus dans le reste du taillis.

La maison d'à présent, presque un château, n'a rien de commun avec la modeste demeure qu'avait occupée Michelet. Le jardin même est moins considérable, l'impitoyable voirie y a ouvert une immense tranchée qui continue la route directe des casernes de Barbin au Champ de Manœuvres, mais le grand cèdre n'a pas bougé et les passants s'arrêtent étonnés de cette végétation puissante, admirant l'œuvre du Créateur, sans se douter des souvenirs historique qui s'y rattachent.

Michelet affectionnait ce cèdre merveilleux :

« Deux choses, écrit-il, étaient grandioses et se détachaient de ce verger sombre. En perçant les vieilles charmilles et des allées de châtaigniers, on arrivait dans un coin de terrain argileux, stérile, d'où parmi les lauriers thyms et autres arbres fort rudes s'élançait un cèdre énorme, vraie cathédrale végétale, telle qu'un cyprès déjà très haut y était étouffé, perdu. Ce cèdre, au-dessous dépouillé et chauve, était vivant, vigoureux du côté de la lumière; ses bras immenses, à trente pieds, commençaient à se vêtir de rares et piquantes feuilles; puis s'épaississait la voûte; la flèche devait atteindre environ quatre-vingts pieds. On la voyait de trois lieues, des campagnes opposées des bords de la Sèvre nantaise et des bois de la Vendée. Notre asile, bas et tapi à côté de ce géant, n'en était pas moins signalé par lui par un rayonnement immense, et peut-être lui devait-il son nom : la Haute-Forêt.

» A l'autre bout de l'enclos, sur une profonde pièce d'eau, s'élevait un monticule couronné d'un bouquet de pins. Ces beaux arbres incessamment balancés au vent de la mer, battus des vents opposés qui suivent les courants du grand fleuve et de ses deux rivières, gémissaient de ce combat, et, jour et nuit, animaient le profond silence du lieu d'une mélancolique harmonie. Parfois, on se fût cru en mer; ils imitaient le bruit des lames, celui du flux et du reflux.

» Austère comme devait l'être la porte de la Bretagne, ce séjour avait la luxuriante verdure du côté vendéen. »

C'est là que, trouvant un *alibi* aux sombres pensées de Paris, Michelet, il le déclare lui-même dans les premières pages du *Banquet*, une de ses œuvres posthumes, écrivit dans la plénitude de sa force l'année des combats, 1793. L'hiver pluvieux qui suivit le plongea dans la misère de 1794, dans ces discordes où la France s'arracha le cœur et lui-même peu à peu se sentit atteint. La réaction de Thermidor l'acheva :

Un excellent patriote me disait qu'il ne pouvait pas lire ces récits plus de quinze minutes; il se trouvait trop oppressé. Mon impression est la même. J'essayai de la dominer; je voulus, après thermidor, entamer la Terreur blanche de 1795... Mais un pareil sujet, loin de me distraire des douleurs du présent, était fait plutôt pour m'y ramener, et le livre m'échappa.

Il ne me restait qu'à obéir à ces voix de la nature, à changer, sinon de pensées (comment mettre hors de soi son âme?) du moins d'occupation, de lieu, de climat. Je cherchai une température contraire aux brumes du nord-ouest, un air autre que celui de la France d'alors.

Deux ans plus tard, le 21 septembre 1855, Michelet, revenu d'Italie, datait de la Hève, près du Havre, cette admirable préface de l'*Oiseau* où il examine comment il fut conduit à l'étude de la nature.

Il parle avec un sympathique intérêt de son séjour à la Haute-Forêt. La maison de campagne assez grande, toute isolée, était de style Louis XV. Assise sur un lieu élevé, elle n'en était pas moins assombrie d'un côté par d'épaisses charmilles, de l'autre par de grands arbres et par un nombre infini de cerisiers non taillés. Le tout sur un vert gazon que les eaux sans écoulement maintenaient, même en été, dans un bel état de fraîcheur.

De vue aucune, à moins de monter dans une sorte de tourelle d'où le paysage commençait à se relever.

C'était Michelet, c'était Mme Michelet, qui, aidés seulement pour les choses grossières, par une sauvage fille bretonne, s'adonnaient aux mille occupations domestiques, nourrissant toute une basse-cour, s'absorbant dans les plantations de toute sorte, faisant la chasse aux limaçons destructeurs, qui semblaient renaître toujours plus nombreux.

Le matin, levé au premier réveil des oiseaux et même avant le jour, dès qu'il avait pris sa tasse de café au lait, Michelet se mettait à l'ouvrage, et travaillait d'arrache-pied, dans le jardin, pendant la belle saison ; quand le temps fraîchissait, à son secrétaire. L'après-midi, il descendait parfois en ville par la ruelle étroite des Quarts-de-Barbin, en longeant le canal. Il rendait alors visite à quelques amis sûrs, le docteur Guépin, Dugast-Matifeux, dont le nom figure aux préfaces de son *Histoire de la Révolution*, à Ernest Ménard, à Guéraud l'ancien libraire, et à Madame Guéraud. Mlle Calloch comptait aussi au nombre des personnes qu'il fréquentait. Vers la tombée du jour, il rentrait et recevait le soir jusqu'à dix heures ceux qui prenaient plaisir à son admirable conversation.

Il parlait lentement, avec une légère teinte de préciosité qui rappelait le professeur faisant un cours à ses disciples, mais quelle élévation de pensée ! quel charme d'expression ! quelle nature sympathique ! quel grand cœur !

Un matin que j'étais allé le voir, je trouvai tout le quartier en émoi. Un orage épouvantable avait éclaté la veille au soir et la foudre était tombée sur le pauvre clocher de Saint-Félix, à quelques pas seulement de la maison de Michelet.

— N'avez-vous pas eu peur ? lui demandai-je.

— Aucunement, me dit-il, et faisant allusion sans doute à son culte profond pour l'œuvre du Créateur et au caractère sacré de l'édifice atteint, il ajouta en souriant :

— Dieu ne connaît-il pas les siens ?

Un de ses plus chauds admirateurs était son propriétaire,

Pironneau, qui tenait derrière l'église Sainte-Croix, rue du Petit-Bacchus, un commerce de peinture et de drogueries. Il était tout fier d'abriter une aussi haute notabilité et quelque temps avant sa mort, il léguait à la Société archéologique de Nantes les quelques papiers, bail, correspondance, etc., qu'il avait pu échanger avec son illustre locataire, tant il désirait faire rejaillir sur la ville tout entière l'honneur qui lui était échu par hasard en partage.

Ce que sont devenus ces documents, je l'ignore : ce que je sais, c'est que Pironneau fit apposer au cèdre cette inscription dont je vous parle plus haut et que ses successeurs ont respectée. Quelques rares fidèles vont encore aujourd'hui en pèlerinage à l'asile de paix qui donna l'hospitalité à cette grande figure : ils y recevront comme moi, l'accueil le plus affable de la part de Madame Tessier qui, pour n'avoir pas connu Michelet, n'en continue pas moins à sa mémoire, comme son défunt mari, un souvenir respectueux.

Il y a quelques années, à la demande de Madame Michelet, M. Tessier fit couper une petite branche du cèdre et la lui adressa, avec un panier de fleurs cueillies dans le jardin. A l'envoi, étaient jointes ces quelques lignes qui répondaient à la question posée par l'inscription :

Le cèdre existe toujours, et les édificateurs politiques qui ont la haine de ce temps passeront encore plus vite que lui ; mais il sera détruit bien longtemps avant que le nom de l'illustre historien qu'il a abrité soit oublié de ceux qui aiment leur pays, l'honneur, l'humanité.

En envoyant ces fleurs prises autour du cèdre, nous inspirant de la charmante pensée de Mme Michelet, nous lui dirons comme l'enfant qui jetait un bouquet sur les genoux de sa mère :

« Oh ! j'en pourrai cueillir bien d'autres et plus belles encore. »

La municipalité de Nantes a donné à la nouvelle voie qui va de Saint-Félix à l'intersection de la route de la Tortière, longeant précisément la terrasse que domine le cèdre, le nom de Michelet. Cette voie nouvelle n'avait pas encore de dénomination particulière et c'était faire de l'histoire parlante que d'apposer aux extrémités de cette rue ouverte sur l'ancien sol de la Haute-Forêt des plaques rappelant le séjour à Nantes d'un des plus illustres de nos compatriotes.

LE PÈRE GUÉPIN

Une statue au père Guépin. — Le mandat impératif. — Au lendemain du Quatre-Septembre. — Gambetta et Guépin. — Le dernier discours de Guépin. — Ses obsèques civiles. — Courage du maire Waldeck-Rousseau.

Celui qui serait venu dire au docteur Guépin : — Vous aurez un jour une statue sur une des places publiques de Nantes, eût été sans doute accueilli par le vénérable docteur avec un mouvement de surprise et d'incrédulité assaisonné d'une pointe de mauvaise humeur.

Une statue au père Guépin !

Vivant, le père Guépin eût protesté contre un honneur dont il ne se serait pas cru digne, et que nul pourtant n'a mérité plus que lui.

Avez-vous remarqué que cette appellation de père, accollée au nom d'un homme connu, change de caractère et presque de sens selon le sujet auquel elle s'applique. Elle est familière, quand on dit le père Thiers ; elle est familiale, quand on dit le père Guépin et j'y trouve je ne sais quoi d'affectueux et de paternel, qui ne se rencontre pas pour l'ancien chef du pouvoir exécutif de la République française.

C'est qu'en effet la physionomie de Guépin respirait, sous une apparence quelquefois rude jusqu'à la brusquerie, cette bonté qui en reste le trait caractéristique. Intelligence à part — et peu d'hommes furent mieux doués, — il personnifiait ce que les anciens avaient appelé *caritas humani generis*, et ce que, dans notre langage abstrait, nous avons traduit par le mot de philanthropie.

Dès sa jeunesse la plus tendre, alors qu'il s'asseyait à Paris aux banquets d'étudiants qui se tenaient sous la présidence du fameux Bernard de Rennes, il aimait à y prendre la parole et à proclamer cet amour profond de l'humanité, surtout de l'humanité souffrante.

Il se trouva tout naturellement en relations avec Enfantin, avec Pierre Leroux, avec Jean Reynaud, les maîtres les plus distingués de la doctrine Saint-Simonienne et c'est à cette école qu'il puisa les notions économiques que plus tard il répandit dans les moindres de ses écrits. Les conserva-t-il toutes jusqu'au dernier moment? Je n'oserais l'affirmer, mais il resta toujours imprégné de cet enseignement qui devançait l'avenir et conquérait l'immortalité à la petite phalange sacrée de Bazard et d'Enfantin.

Je ne veux pas vous retracer ici — le pourrais-je d'ailleurs? — la vie si remplie du docteur Guépin qui, médecin, professeur, historien, commissaire de la République, conseiller municipal et général, préfet, sut donner dans toutes ces fonctions et à tous ces postes d'honneur et de dévouement, la mesure de ses capacités intellectuelles et de sa valeur morale.

Ce qui n'était pas le côté le moins intéressant de cette grande figure, c'était le soin, je serais plus exact en disant le culte respectueux avec lequel il avait conservé vivaces les grandes traditions révolutionnaires. C'est ainsi qu'en 1869, quand il se présenta aux élections législatives contre M. Gaudin, en même temps que Prévost-Paradol et que le baron de Lareinty, il ne voulut pas rédiger de profession de foi, il se contenta d'apposer son acceptation au bas d'un programme préparé par les électeurs, comme l'avaient été, en 1789, les cahiers des Etats-Généraux :

Nous adressons cette déclaration, disaient les signataires, à nos concitoyens, en les invitant à nous aider, si leurs opinions sont d'accord avec les nôtres.

Nous ne demandons pas de programme à notre candidat, nous lui dictons le nôtre.

C'est au candidat à se soumettre à la volonté des électeurs.

A la suite de ce manifeste qu'avaient approuvé de nombreux signataires, entre autres MM. Duval, Brissonneau aîné, Bertin, G. Roch, avocat, Desdoits, Portier, Rolland, Emile Lévy, Briand, etc., cette seule ligne :

Pour acceptation du mandat ci-dessus.

A. GUÉPIN.

Après le Quatre-Septembre, le docteur Guépin, devenu par la force des choses préfet de la Loire-Inférieure, ne garda pas bien longtemps ces fonctions trop lourdes pour son âge, sinon pour son dévouement. Il en avait cependant partagé le poids avec deux secrétaires-généraux qui connaissaient bien le département, MM. Colombel et Ferrer, avocat et conseiller municipal — décédé depuis — qui se piquait de littérature et fit même représenter sur la scène du théâtre Graslin une comédie de mœurs où quelques-uns voulurent voir, dit-on, une sorte d'autobiographie assez déplacée.

Cette lassitude physique continua lentement et le docteur Guépin n'était plus que le *leader* nominal de la gauche au Conseil général, où il avait fait entrer en même temps que lui et pour le seconder, son filleul Ange Laisant, encore à ce moment capitaine du génie venant du fin fond de la Corse, où il avait été exilé, pour remplir son mandat d'élu du 1er canton de Nantes.

Pendant ce temps, Guépin se faisait de plus en plus vieux, passant à sa campagne de l'Oizillière, près de Savenay, la plus grande partie de l'année.

Son dernier acte politique fut, si j'ai bonne mémoire, sa présence au banquet offert en avril 1873 à Gambetta, dans la salle de banquet de l'avenue Allard.

Il y vint, plus fatigué, plus affaibli que jamais, et la mort semblait l'avoir effleuré de son aile, quand il se leva vers la fin du banquet. Auprès de lui était assis Gambetta, surexcité, nerveux, ayant à peine touché au repas.

— Nous voici aux petits pois, dit-il au docteur Guépin, il est inutile d'attendre le dessert où il y a toujours un peu de désarroi et de bruit. J'aime mieux parler maintenant : présentez-moi.

Et reculant sa chaise, le vieux Saint-Simonien présenta le jeune et fougueux tribun à l'assemblée suspendue par avance à ces lèvres d'où allait tomber la parole vengeresse. Guépin, se défiant sans doute de sa mémoire qui faiblissait, avait préparé par écrit l'allocution qu'il devait prononcer ; il l'avait à la main, mais pourtant il ne la lut pas. Il avait l'habitude de l'improvisation trop invétérée pour se résigner à jeter les yeux sur un papier quelconque et c'est comme aux beaux et vaillants jours de sa jeunesse, mais d'une voix presque éteinte, dans un langage où les mots manquaient à la langue plus que les idées au cerveau, qu'il balbutia ce discours qui devait être le dernier.

Le papier sur lequel il avait jeté sa pensée, il l'abandonna sur la table du banquet au moment où l'assemblée tout entière, électrisée par la parole enflammée de Gambetta, se levait comme un seul homme pour l'acclamer, mais une main pieuse avait recueilli cette page, le testament politique de Guépin, et la voici textuellement, comme je la copie, sur le manuscrit mis à ma disposition, en italiquant les mots biffés de la main du docteur :

Je remercie mes concitoyens, mes coreligionnaires politiques de *l'insigne* l'honneur qu'ils m'ont fait de m'appeler à la présidence du banquet qui vous est offert par la démocratie nantaise.

Cher citoyen,

Soyez le bien venu parmi nous.

La démocratie nantaise ne méconnaît pas votre dévouement au pays, votre attachement profond aux idées républicaines, elle sait que vous n'avez jamais désespéré du peuple.

Elle vous a su dans le département et elle a voulu fraterniser avec vous. Je ne suis que l'interprète des sentiments de tous, de ceux qui sont ici, *de ceux qui sont présents* et de ceux qui *auront* ont le regret de ne pas vous entendre.

En leur nom à tous, soyez le bien venu et vous aussi, messieurs de la presse républicaine, qui êtes venus à cette réunion, soyez les bien venus.

Monsieur Gambetta, monsieur Gambetta,

Cher citoyen,

Nos concitoyens ont un vif désir de vous entendre. Ils savent que vos paroles respirent toujours le patriotisme et le dévouement aux idées républicaines, ils vous *ils vous* estiment et vous aiment d'être l'un des missionnaires de cette grande cause.

Je vais donc vous céder la parole, nous tous qui *vous* allons vous entendre, nous sommes unis par le même sentiment d'amour pour le pays et par le même dévouement à la République. Nos cœurs battent à l'unisson.

Toast à la France, à la démocratie, à la République.

L'écriture est tremblée, les mots à peine formés, des syllabes ont été omises ou tronquées : on y lit *contoyens* pour *concitoyens, rergret* pour *regret, interpreprète* pour *interprète;* comme si la plume trop lourde déjà pour la main de Guépin avait trahi cet esprit jusque-là si net et si alerte et refusé ses services à l'homme qui l'avait toujours mise à la défense des droits populaires.

Quelques semaines après, le 21 mai 1873 — trois jours avant la chute de M. Thiers — le docteur Guépin mourait.

Qui dira ces funérailles simples et grandioses tout à la fois? Les enterrements civils devenus assez fréquents à Nantes, ne l'avaient pas toujours été. A l'époque où mourut Victor Mangin, il y a à peine vingt ans, n'était-on pas allé jeter dans les caves de sa maison qui avait jour sur la rue, des médailles bénites et des chapelets pour exorciser, sans doute, le démon du mal et préserver le voisinage de la présence redoutable de Satan?

La cité tout entière accompagna Guépin jusqu'à sa dernière demeure. Quand le cercueil passa, en quittant la place Louis XVI, rue Félix et rue du Lycée, il y eut un changement soudain. Tandis que jusque-là, les fenêtres de toutes les maisons, les balcons, les moindres saillies étaient occupés avec un empressement significatif, par une foule respectueuse et émue, là régnait déjà le silence de la nécropole voisine. Croisées closes, volets hermétiquement fermés, dans une pensée calculée d'abstention et de dédain, et pourtant dans ce monde de la légitimité, comme ailleurs, Guépin l'oculiste avait mis son art au service de ceux qui souffraient, rendant leurs yeux à la lumière du jour sans les ouvrir à la lumière intellectuelle.

Cependant un grand exemple fut donné ce jour-là :

Fidèle à une amitié de 40 ans, respectueux de ses devoirs de maire républicain, M. Waldeck-Rousseau, le père du député d'Ille-et-Vilaine, résista avec une véritable énergie, aux sollicitations de ceux qui le suppliaient d'éviter à sa conscience de catholique sincère et pratiquant la participation même la plus légère à un enterrement civil, — à ce que ces gens-là appellent un *enfouissement.*

N'y allait-il pas en quelque sorte du salut de son âme? N'était-ce pas donner le plus déplorable exemple que de conduire au champ de l'éternel repos l'homme qui avait voulu s'y rendre, sans le cortège du clergé? Et cet exemple, ce serait le maire de Nantes lui-même qui le donnerait!

Malgré cette pression qui s'adressait à ce que la conscience de Waldeck-Rousseau avait de plus délicat et de plus respectable, il fit son devoir jusqu'au bout, douloureusement peut-être, mais sans hésitation, ni recul et il appartiendra à ceux qui plus tard écriront l'histoire locale de ces dernières années, de saluer avec déférence le spectacle hélas! trop rare de ce catholique fervent qui tenait un des cordons du poële aux obsèques de ce fervent libre-penseur.

Depuis, Waldeck-Rousseau s'est également éteint, après

avoir laissé dans l'histoire administrative et politique de Nantes, un lumineux sillon.

Avec ces hommes, dont l'un représentait l'idée républicaine dans sa grandeur et sa sérénité, dont l'autre incarnait la démocratie par sa sollicitude pour les déshérités du peuple auxquels il prodiguait le plus d'amour, disparaissaient les deux plus grands citoyens qui, pendant cinquante ans, avaient personnifié à Nantes le progrès des idées modernes et la marche en avant de la civilisation.

Personne ne s'est encore présenté pour recueillir ce lourd héritage.

VIEILLES MAISONS

La rue de l'Abreuvoir. — La maison des Tourelles. — Un mot de Henri IV. — Ce qu'a coûté la construction de l'hôtel Deurbroucq ! — Le Temple du Goût. — Un calembour sur pierre. — Gabrielle d'Estrées à Nantes. — La maison de Carrier. — La vieille tour du Bouffay et la place de la Poulaillerie. — Le pont de Pirmil. — Une exclamation de la duchesse de Berry !

Quand je me reporte à ce qu'était Nantes il y a quelque quarante ans et que je compare la ville d'autrefois à la cité moderne d'à présent, je ne puis m'empêcher de penser que la maladie de notre siècle est bien, comme on l'a dit, la maladie de la pierre.

Certes, je suis le premier à en faire ici l'aveu, l'air et la lumière ont pénétré dans des ruelles sombres, dans des logis malsains qui ne les connaissaient guère. Les grandes percées réalisées depuis 1830 ont distribué de par la ville une hygiène meilleure, les municipalités ont assaini les quartiers insalubres et celui-là serait fou qui tenterait de nier les progrès accomplis, mais, cette concesion faite, ne m'en demandez pas davantage et laissez-moi regretter le pittoresque, l'imprévu, l'originalité qui disparaissent petit à petit sous la pioche des démolisseurs, au profit d'un alignement insipide et glacial.

Supposez la France entière couverte de villes à la manière de la Roche-sur-Yon, coupées de rues s'entre-croisant à angle droit et figurant un échiquier parfait sans doute, mais parfaitement ennuyeux aussi, notre pays ne serait-il pas pour le voyageur, pour l'artiste, pour ses habitants même, d'une désespérante monotonie ? J'aime les rues accidentées, les maisons bizarres les tours-de-Pise branlantes, les fenêtres biscornues, les portes invraisemblables, les escaliers encore garnis en guise de rampe d'une corde graisseuse tordue par les artisans du temps d'Henri IV, les balcons au ventre rebondi que les pluies d'hiver ont rouillés, les cheminées monumentales comme celles des salles d'audience de la cour de Rennes, et quand je descends les marches de granit de la rue de l'Abreuvoir en laissant glisser ma main sur la rampe de fonte qui y facilite la circulation, je regrette presque l'ancienne rue, à pic ou peu s'en fallait, qui les jours de verglas, au temps de mon enfance, était inaccessible aux gens d'en bas, tandis que ceux d'en haut n'avaient qu'à se laisser aller et arrivaient tout seuls au pied de cette véritable montagne russe.

Ces vieilles rues s'en vont une à une, ces vieilles maisons, sans souci des recherches de l'archéologue, sans la moindre sollicitude des souvenirs historiques qui s'y rattachent, font place à de grandes et hautes constructions où rien, pas même une humble plaque, ne rappelle le nom de tel homme illustre, la date de tel épisode marquant dont ces lieux virent la naissance.

Et pourtant, la maison des Tourelles où fut signé l'édit de Nantes, mériterait à ce titre d'être conservée dans l'histoire locale. Oui, ce fut là, à l'entrée du quai de la Fosse, dans une chambre aujourd'hui mutilée par une double cloison, au premier étage de cette maison que distinguent de blanches tourelles, que le meilleur de nos rois, le seul bon à vrai dire, « notre Henri », comme l'appellent encore aujourd'hui les Basques, écrivit son nom au bas de l'édit de tolérance et de paix religieuse que Louis XIV devait déchirer cent ans plus tard.

L'influence du Rév. Père Letellier et de la dévote Maintenon ne l'avait pas encore emporté, quand, en 1648, Molière vint jouer à Nantes les premières œuvres de son répertoire. Le jeu de paume, où furent installés les tréteaux de son théâtre nomade, existe toujours rue Saint-Léonard.

A la même époque, s'élevaient sur la Fosse ces maisons datant de 1660 et des années environnantes et qui, aujourd'hui, malgré leur grand âge, le tassement, l'inclinaison dont elles éprouvent les atteintes, restent encore comme d'éclatants témoignages de leur antique splendeur.

Vous connaissez ce mot d'Henri IV : — « Ventre Saint-Gris ! les ducs de Bretagne n'étaient pas de petits compagnons ! » Il aurait pu appliquer la même appréciation aux négociants de Nantes, en voyant avec quel luxe qui n'était pas exempt d'une certaine grandeur ils se bâtissaient sur la terre ferme des hôtels que leur avait valus leur trafic au long-cours. L'hôtel Deurbroucq, qui est resté un des plus beaux de l'île Gloriette, avait coûté tellement cher au négociant qui l'avait édifié qu'il en fut lui-même effrayé et qu'il jeta au feu, après les avoir soldés, les mémoires de tous les entrepreneurs, pour en cacher le prix à tout le monde et pour l'oublier lui-même.

Détail curieux, ces grandes familles du siècle dernier

étaient toutes fort nombreuses, beaucoup de garçons, beaucoup de filles, et les mamans ne comptaient pas, il semblait même — les femmes du XIXe siècle ont bien changé d'avis sur ce point — qu'elles fussent d'autant plus fières qu'elles avaient un enfant de plus. Et pourtant, dès la troisième génération, ces grandes familles s'éteignaient sans laisser de trace, comme s'il leur fallait racheter ainsi une fortune généralement acquise par la traite des esclaves, et qu'elles fussent frappées d'une irrémédiable déchéance.

Cet hôtel Deurbroucq est aujourd'hui occupé par un fabricant de briquettes qui a substitué aux anciennes armes des Deurbroucq son enseigne de commerçant. Je le regrette, il y avait là un souvenir qu'auraient pu respecter toutes autres préoccupations.

Que vous signalerai-je encore? La maison de la rue de la Juiverie où se trouvent encastrées des enluminures curieuses et qui n'a jamais, à mon sens, été une synagogue; sur le quai Duguay-Trouin, au numéro 16, un bâtiment qui conservera longtemps le surnom caractéristique de *Temple du Goût*, à raison de la grâce de son architecture. Je l'ai visité à divers étages; escalier monumental aux rampes de fer forgé, balcons splendides donnant sur la rue Kervégan, et au-dessus des portes intérieures et des cheminées, des panneaux genre Watteau dont quelques-uns sont remarquables et qu'ont dû peindre au siècle dernier des élèves de Boucher ou de Lancret. La cour en est spacieuse, et des maisons du genre de celle-là seraient irréprochables si, en hiver, aux époques d'inondation, elles ne baignaient dans trois pieds d'eau.

Presque en face, quai Brancas, arrêtez-vous un instant devant l'immeuble 3-4. C'est l'ancienne maison Housset, sur les écussons de laquelle vous distinguerez le chiffre 7 auprès d'une branche de houx. C'est une devise parlante : *Houx-sept.* Rue de la Bourse, en face du restaurant Maurice, montez dans la maison du café, comme si vous vous rendiez à quelque réunion des maîtres boulangers, vous admirerez un escalier tournant d'une rare hardiesse, avec ses ferrures à jour et ses larges baies. Il n'est pas jusqu'au marteau de la porte d'entrée qui ne date d'autrefois : la porte seule a été récemment vernie à neuf. L'architecture d'un escalier est toujours délicate, c'est le casse-tête de nos Vitruves. Celle-là est d'une facture charmante.

L'hôtel de Monti de Rezé, rue Fénélon, reçut la visite de Gabrielle d'Estrées et, si j'en crois les mauvaises langues de l'époque, elle y fut retenue quelque temps par un de ces malaises dont Junon Lucine préside le dénouement *naturel* dans tous les sens du mot. La tourelle qui fait saillie sur la rue est curieuse.

Curieuses aussi les maisons recouvertes d'ardoises du haut en bas, comme celle qui subsiste au Change ; les escaliers de la rue du Petit-Bacchus ; les portes sculptées aux figures maltraitées par les enfants — cet âge est sans pitié — dans la rue de la Juiverie ; les balustrades en fer forgé des maisons de l'Ile-Feydeau et de la place du Pilory ; les colonnades de la maison Carrier.

Ce n'est pas mince besogne que de découvrir cette dernière maison, par cette bonne raison qu'elle a changé de place et qu'elle n'est plus là où elle se trouvait en 1794. Je m'explique :

Carrier, le féroce proconsul, ne demeura guère plus de trois mois à Nantes. C'est ce que l'on appela depuis : *les cent jours*. Il s'était logé dans une maison de style néo-grec d'assez mauvais goût, qui formait l'extrémité du boulevard Delorme et le bouchait. Le boulevard n'avait pas d'issue. Une grille protégeait l'entrée de la maison, puis venait une petite cour et derrière seulement une maison composée d'un rez-de-chaussée, d'un premier étage et de mansardes et flanquée de deux ailes. Mais au rez-de-chaussée et au premier, les fenêtres étaient en retrait assez prononcé et l'architecte avait laissé un gracieux balcon de pierre, que soutenaient quatre colonnettes. De grands marronniers ombrageaient cette maison qui disparut, quand on songea à transformer ce cul-de-sac en une véritable voie publique.

Mais — fait dont que je ne connais qu'un autre exemple — la maison de Carrier démolie pierre à pierre, fut transportée telle quelle dans un autre quartier de la ville, et vous pouvez la voir encore rue de Gigant, nº 30. Un ancien conseiller municipal de notre ville, M. le capitaine Berranger, occupe le premier étage, et, quand il prend l'air sous cette sorte de vérandah, il s'accoude sur la pierre même qui reçut jadis le contact de Carrier.

La vieille tour du Bouffay dominant les bicoques des boisseliers rappelait, en petit naturellement, la tour Saint-Jacques avec son entourage d'autrefois. Elle s'élevait toute droite avec ses cadrans d'horloge qui se voyaient de loin et sa balustrade de fer forgé. Au-dessus, une manière de campanile dont la cloche a été depuis transférée à Sainte-Croix et que semblaient défendre huit statues, les bras en croix. Au bas, d'un côté, la place du Bouffay et la prison ; de l'autre les marchands de bric-à-brac, de vannerie, de ferraille, relégués dans des masures dont peut donner une idée assez exacte la maison qui fait l'angle de la rue Belle-Image et de la rue du Bouffay.

LA MAISON DE CARRIER

Elle n'existe plus aujourd'hui, la pauvre tour, que sur l'enseigne d'un restaurant du quai Jean-Bart et sur les factures de la maison Sabatier qui l'a adoptée comme marque de fabrique. Par contre, la tour de Pirmil a survécu sous les espèces de cette maison bâtie sur une arche unique à la sortie du pont. Il y en avait ainsi beaucoup d'autres non seulement sur le pont de Pirmil, mais sur le pont de la Belle-Croix et plus d'un locataire pouvait s'offrir la satisfaction, sans sortir de chez soi et tout simplement en se mettant à la fenêtre, de pêcher à la senne dans la Loire. Nous passons indifférents et blasés, avec ce laisser-aller d'une longue habitude, devant ce curieux vestige d'un autre âge, en entendant le vent se jouer lugubrement dans les fils du télégraphe, mais l'étranger qui visite cette longue file des ponts et traverse six fois la Loire en ligne droite, s'arrête, intrigué et pensif, en face de cette maison singulière, digne d'attirer l'attention de l'historien et du romancier. Je me souviens qu'autrefois un anonyme signait dans le *National de l'Ouest*, des chroniques légèrement satiriques de ce pseudonyme attristant : *le Hibou de la Tour de Pirmil*. C'était un brave propriétaire de la rue du Marchix.

L'histoire du pont de Pirmil est à faire et je n'en sais pas beaucoup qui soient plus dignes d'exercer l'érudition des jeunes savants de notre ville. Ils y pourraient rattacher celle de la maison du Guiny où fut arrêtée en 1832 la duchesse de Berry, au fond d'une cour de la rue Haute-du-Château. Un détail à ce sujet que j'ai tout lieu de croire inédit. De la mansarde où elle se tenait renfermée, la *prétendante* avait vue sur les douves du château où les artilleurs de la ligne exerçaient les artilleurs de la garde nationale. Au fur et à mesure que ceux-ci faisaient des progrès, la duchesse ne pouvait s'empêcher de les admirer et d'envier pour elle-même d'aussi bons soldats :

— Avec un régiment aussi discipliné, disait-elle, que ne ferais-je pas ?

Vous savez la fin de son aventure et son arrestation dans la cachette d'une cheminée désormais historique.

Joies et douleurs humaines, prospérité des uns, décadence des autres, ô pierres des murailles qui cachez aux passants l'intimité de notre existence, vous voyez tout, vous connaissez tout et c'est pourquoi votre histoire est aussi la nôtre. *Habent sua fata... lapilli.*

LA FOLIE-DOBRÉE

Une excursion rue des Catherinettes. — L'ancien manoir de La Touche. — La Manutention militaire sous le premier Empire.— Le collectionneur Bosset. — Une restitution du XIIe siècle : art roman, art gothique. — Description de la construction. — L'escalier d'honneur. — Les animaux fabuleux. — La tour carrée. — Asile aux oiseaux. — La *Folie-Dobrée*.

Peut-être ne connaissez-vous la rue des Catherinettes que pour en avoir entendu parler et ne vous y êtes-vous jamais aventuré, même pour rejoindre par un raccourci plus rapide la rue Voltaire, sans avoir à subir le détour de la place de la Monnaie. Vous êtes d'ailleurs tout excusé. Cette rue en zigzag où les coudes se suivent sans se ressembler, portait et porte encore ceinture dorée et mauvais renom, et les religieuses Catherinettes d'autrefois y renieraient assurément les Madeleines mal repenties qui, sur leurs autels à Vénus consacrés, répandent, en guise d'encens, les parfums subtils du musc et de l'opoponax. Singulière rue où les volets d'une maison sont percés d'un trèfle et d'un cœur, comme pour indiquer, dans le langage des cartes où le trèfle signifie argent, que l'hospitalité amoureuse ne s'y donne jamais, mais s'y vend toujours.

Continuez votre route, la rue s'évase et devient la place

des Irlandais. A main droite, une porte cochère avec l'inscription sacramentelle : *Défense d'entrer sans autorisation*; une petite porte latérale la précède. Glissez la main dans une fente de la muraille, vous y trouverez, caché aux indifférents, un anneau de cuivre. C'est le : « Sésame, ouvre-toi ! » d'une curieuse construction cachée avec un soin jaloux à l'œil des méchants par son propriétaire, M. Dobrée, qui fait toutefois, de temps en temps, une exception pour quelque vieux Nantais, comme lui et moi.

C'était là que s'élevait au XIVe siècle, peut-être même auparavant, le manoir de La Touche, maison de plaisance et de campagne des ducs de Bretagne, dont l'un, Jean IV, je crois, y passa de vie à trépas. Des pâturages, comme semble l'indiquer ce nom de La Touche, en patois de nos pays, pâturage — ne disons-nous pas *toucheur* de bœufs? — des bois, des forêts lui faisaient une ceinture verdoyante où aimaient à se retirer, près de la ville, mais loin de sa bruyante animation, nos anciens seigneurs et maîtres.

Au commencement du XVIIe siècle, sous le règne d'Henri, quatrième par le nom, premier par le bon cœur, le bureau de la ville y fit soigner les pestiférés afin d'éviter à la population effrayée, les dangers de la contagion.

Plus tard encore — je saute par dessus les siècles à pieds joints, seulement au moral, car autrement je ne le pourrais guère — des prêtres Irlandais, c'était en 1767, obtinrent la permission d'y établir une chapelle, au grand scandale du clergé séculier qui n'aimait guère cette intrusion du clergé régulier et vous retrouveriez aisément, transcrites sur les registres de la paroisse Saint-Nicolas, de la main même du curé d'alors, les lettres-patentes données à ces étrangers, et dont il entendait se faire une arme contre leurs envahissements. La Révolution mit réguliers et séculiers d'accord, en les mettant les uns et les autres à l'index.

Tandis que les Irlandais regagnaient les rivages de la verte Eryn, laissant tout simplement leur nom au placis voisin, leur habitation, leur chapelle, le terrain où elles s'élevaient étaient mis à l'encan comme bien national ; le tout passa depuis en diverses mains, avant que, sur les poursuites de Me Maisonneuve, avoué, cette propriété ne devînt celle de la famille de La Brosse, qui y précéda le détenteur actuel.

Ce n'était alors qu'un vaste terrain qu'occupaient à gauche des bâtiments délabrés, à droite les vestiges de l'ancienne chapelle des Irlandais encore visibles sur le mur qui joint les maisons de la rue Beaumanoir et où les herbes folles poussaient librement entre les pavés de la cour d'entrée.

J'y ai connu la manutention militaire que dirigeait alors un entrepreneur du nom de Bosset. Le feu y prit cinq ou six fois, mais sans y causer de grands dommages : ne purifie-t-il pas quelquefois? Ce Bosset n'était pas le premier venu : c'était un amateur intelligent qui, à force de recherches, avait fini par se créer un peu dans tous les genres, tableaux, meubles, armes, monnaies, faïences, bibelots divers, de curieuses collections plus tard dispersées au feu des enchères. J'ai souvenance que M. Naud, alors président de la Société d'Archéologie, y fit à bon compte l'acquisition d'un tableau de prix auquel il tenait avec toute la passion d'un vrai connaisseur. Une tête de Christ, fort belle, *empruntée*, de par les lois de la guerre, à quelque musée florentin, lors des campagnes d'Italie, y faisait l'admiration des amateurs. D'autres objets n'avaient de valeur que le souvenir historique qui s'y attachait : c'était le cas du mobilier de la maison Dufou. Dufou, maire de Nantes, au moment du passage de Napoléon Ier, en 1808, s'était commandé, pour recevoir l'empereur, un mobilier dans le goût de l'époque. Sans doute par admiration napoléonienne, Bosset en avait fait l'acquisition. Il tomba, comme le reste, sous le marteau du commissaire-priseur.

A une époque plus rapprochée de nous, un menuisier, Archambault, occupait une partie de ce terrain, une autre était louée à un cocher dont vous retrouveriez le passage sur le bout d'une enseigne en trois lignes d'une boutique de la place des Irlandais fermée de vieille date :

VOITURES
LLIÈRE
NE N° 3

Enfin, M. Dobrée en prit possession et résolut de mener à bonne fin une œuvre considérable, digne de perpétuer à Nantes le souvenir de son nom.

Quand tout sera terminé, que le perron courra de la rue Rosière à celle des Catherinettes, dallé de splendides mosaïques, que deux jets d'eau dont on dit merveille, enverront la fraîcheur scintillante de leur écume aux ifs du jardin taillés en bonnets à poil que surmonte un panache vert sombre, cette résurrection du moyen-âge vue avec un recul suffisant, rappellera l'architecture romane du XIIe siècle dans ses essais de transformation, dans ses tentatives d'affranchissement qui devaient aboutir à l'ère nouvelle de l'ogive. Ce n'est pas encore l'ampleur, la hardiesse, l'élancement vers le ciel que le style gothique devait atteindre au siècle suivant, mais ce n'est plus cette lourdeur massive, cet écrasement des époques précédentes. C'est encore l'arc plein-cintre, mais c'est en même temps le pignon pointu du siècle suivant et par cette restitution, M. Dobrée nous reporte à cette architecture de transition, déjà plus élégante, qui sépare l'art roman de l'art gothique.

Avant de franchir le seuil de cette curieuse demeure, nous croyons vivre en vendémiaire de l'an 96 de la République française, sous le gouvernement de M. Sadi Carnot; une fois dans la place, nous sommes sous le ministère de M. l'abbé Suger, le Freycinet de Louis-le-Gros.

Le vestibule d'entrée est relativement bas, la voûte qui le surplombe, soutenue par vingt piliers géminés et bas eux-mêmes, l'assombrit; à droite un escalier en pierre de taille qu'éclaire une large baie conduit au pied de l'escalier monumental auquel les ouvriers travaillent encore à l'heure où j'écris. Quel dommage que, pour hâter l'achèvement de cette œuvre un magicien, un être surnaturel ne vienne pas, comme l'*Angelo pittore* de Luc-Olivier Merson, avancer la besogne et terminer en une nuit ce qui demandera plusieurs mois de labeur assidu! J'aurais pu voir le salon d'honneur, s'il m'avait été donné d'y monter, tandis que j'ai continué ma visite par la longue galerie de derrière, du côté de la rue Beaumanoir. Je ne sais si c'est là que M. Dobrée installera en partie sa collection de tableaux, mais quelle lumière avantageuse et quelle favorable exposition!

C'est d'ailleurs chose remarquable que cette profusion avec laquelle les ouvertures hautes et larges ont été multipliées dans cet édifice qui, de loin et du dehors, paraît obscur, et n'était la libéralité de son propriétaire, je ne songerais pas, sans un léger frisson, à ce qu'il lui faudra payer rien que pour l'impôt des portes et fenêtres. Songez donc qu'il en est un grand nombre qui ne mesurent pas moins de quatre mètres sur près de trois mètres de hauteur et jugez de ce qu'il entre par là de soleil, d'air, de jour dans des pièces d'élévation ordinaire!

A vous confesser toute la vérité, je ne m'y attendais guère, bien que le mérite des architectes chargés tour à tour de la direction des travaux, MM. Simon, Boismen et Chenantais, fût une garantie que ces règles élémentaires de l'art seraient observées.

Au bout de la galerie, un escalier en pas de vis — l'escalier de service — conduit au premier étage où rien ne manque pour les commodités de la vie. Chambres de toute forme et de toute dimension, salons, boudoirs, salle de bains, galeries, cabinets de toilette, bibliothèque, fumoir, tout est là à souhait : rien n'est meublé encore, même dans les pièces complètement achevées, mais déjà les chambres ont leur destination et leur nom écrits sur le plafond en capricieuses arabesques. Sauf là où le plafond est uni, il n'en est pas deux qui se ressemblent. La vulgaire rosace en plâtre qui s'épanouit d'ordinaire à la partie centrale, a été dédaignée : c'est d'un bout à l'autre du plafond que se poursuit, dans un enchevêtrement presque géométrique, le filet en relief qui donne à chaque pièce le style auquel il appartient lui-même. Il y a la chambre arabe, la chambre chinoise, la chambre grecque, dont le mobilier ne sera pas seul à rappeler ces divers pays, puisque les dessins du plafond suffiraient à en indiquer l'origine. D'autres plafonds sont plus originaux de forme et de détail et le brave contre-maître Prévy qui a été une des chevilles ouvrières de cette construction, est toujours en admiration devant ces plafonds, les premiers qu'il ait vus de ce genre dans sa vie, les derniers sans doute qu'il verra.

Vous parlerai-je des matériaux? Rarement ils furent choisis avec plus de minutie; le granit vient des carrières de la Contrie, les moëllons de celles qui avoisinent le champ de manœuvre du Petit-Port et le moindre défaut est un motif d'exclusion sans appel. En peut-il être autrement avec un propriétaire qui tient avant tout à une construction irréprochable et ne regarde pas au prix? et j'imagine que vous n'en douterez pas, quand vous saurez que la pierre des fenêtres du corps de logis où se trouve l'escalier d'honneur, qui pesait 30 mille kilogrammes à la carrière, une fois taillée, ne pesait plus que 11,500, soit près de *vingt mille* kilogrammes de pierre volontairement perdue. Il n'avait pas fallu moins de huit chevaux et sept bœufs pour amener jusque-là cette masse granitique qui défonçait sur son parcours le pavé des rues trop peu résistant sous un pareil poids.

Boiseries, espagnolettes des fenêtres, serrures, cheminées, tout a été trié sur le volet, les gonds de certaines portes sont en bronze et je ne suis pas autrement surpris qu'un entrepreneur de notre ville ait déclaré, en étudiant cette construction, qu'il n'y en avait pas une autre en France aussi admirablement édifiée.

— Nos fortifications, me disait-il, ne sont pas aussi solidement bâties.

La sculpture reste encore à faire tout entière ou peu s'en faut : les chapiteaux des colonnes sont là, encore bruts, attendant le marteau du statuaire qui y ressuscitera les figurines étranges du moyen-âge : les rampes et les balcons en pierre de taille, artistement ajourés, ne sont pas exécutés et vous ne trouverez à l'intérieur que des promesses pour l'avenir. Je n'ai pas besoin de vous dire qu'au-dehors, au contraire, les animaux fabuleux ou réels, ne manquent pas. Corbeaux funèbres, hiboux fidèles à la sage Minerve, ours grognons assis sur leur derrière, monstres à tête hideuse, se montrent un peu partout, comme les étranges gardiens de cette demeure plus étrange encore, immobiles,

Car ils sont en pierre, en pierre, en pierre.

Et pourtant, le long de la tourelle où s'arrondit le boudoir de la châtelaine, un immense lézard, les ongles crispés à la muraille, exprime, par sa tête anxieuse, la crainte d'une chute irrémédiable. C'est une gargouille de toute beauté, à laquelle ne manque que la brune patine du temps.

J'aime ces figurines à peine dégrossies, ces oiseaux inanimés que viennent saluer, comme autant de camarades, les oiseaux vivants qui se sont déjà emparés de cette demeure seigneuriale. Par une pensée charmante, se souvenant peut-être des cigognes qui protégent les hautes maisons de Strasbourg et des hirondelles, porte-bonheur de nos foyers, M. Dobréé a voulu que ses premiers hôtes fussent des oiseaux.

Dans la grande tour carrée que domine une terrasse d'où la vue s'étend sur Nantes et toute la vallée de la Loire, des chambres noires ont été spécialement réservées pour les oiseaux qui voudraient y chercher un chaud asile durant les froides nuits d'hiver. Regardez-la attentivement : vous y verrez des jours inattendus, comme si l'ouvrier avait par négligence oublié d'y boucher quelque ouverture : ce sont les portes des chambres des oiseaux qui ont deviné sans peine qu'ils étaient là chez eux et qui s'y sont déjà installés. Le martinet y fait bon ménage avec la corneille, et le moineau franc y conte fleurette à la sensible tourterelle.

Sur la façade de la tour qui regarde la Loire, se détache un hémisphère en pierre rouge que surmonte un animal fabuleux, une sorte de lézard aux ailes déployées. Un peu plus bas, l'inscription mystérieuse que voici en lettres de bronze :

AȠȠ·ƉIAȠAF

A.ROG.AC'ȟAȠOVȠ

Que signifie cet hémisphère ? ce monstre ailé ? cette inscription presque hiéroglyphique ? J'ai ouï dire qu'elle faisait allusion à l'ingratitude nantaise, cette hydre qui dévorait le cœur des bienfaiteurs de la cité, mais je ne crois rien de cette interprétation trop fantaisiste pour être vraie et je laisse à chacun le soin de déchiffrer ces lignes étranges.

Quand tout cela sera-t-il fini ? Bien avisé qui pourrait le dire et la pluie lavera longtemps encore la façade moyen-âge de la maison des Enfants-Nantais de la place du Change, que vous apercevez à gauche, en descendant la rue Rosière et qui servira, j'en ai l'idée, à quelque autre résurrection non moins heureuse, avant que cette œuvre considérable soit parachevée.

Que deviendra-t-elle ? Le collectionneur émérite qui installera là ses richesses artistiques dans un écrin vraiment digne d'elles s'exposera-t-il à les voir un jour dispersées ? ne tiendra-t-il pas, au contraire, à en assurer à tout jamais la conservation, en dotant la ville de Nantes de cet admirable musée, le musée Dobrée, et en donnant ainsi un nouvel et plus brillant éclat au nom déjà illustre ici et qu'il porte avec non moins de distinction.

Je le crois, je l'espère pour Nantes, pour M. Dobrée lui-même qui, en complétant par cet acte de générosité l'œuvre à laquelle il s'est voué, aura plus de droits encore à dire, comme le poète : *Exegi monumentum œre perennius.*

Et pourtant, jusqu'à présent, le peuple n'a pas compris tout ce qu'il y avait de grand dans la pensée qui préside à cette construction — qu'il a même baptisée assez crûment du nom de *Folie-Dobrée.*

Folie, si l'on veut, mais folie généreuse dont bien peu de nos millionnaires seraient capables, folie qui assure pendant longtemps du travail à la classe laborieuse, qui assainit et moralise tout un quartier en le débarrassant d'une lèpre honteuse, et qui dotera notre ville — cette construction n'est-elle pas fatalement destinée à lui revenir un jour ? — d'une curieuse restitution de l'art du moyen-âge, du genre de celles que Viollet-le-Duc a réalisées pour la cité de Carcassonne et pour le château de Pierrefonds !

Eh bien, puisque folie il y a, que M. Dobrée ait le courage original de revendiquer ce titre comme un honneur pour la plus raisonnable des folies et qu'il conserve à cette œuvre à laquelle il a consacré avec tant de libéralité une grande partie de sa fortune, le parrainage populaire en l'appelant lui-même hardiment du nom qu'elle porte déjà : — *La Folie-Dobrée.*

LE QUARTIER GRASLIN

L'escalier monumental du quai de la Fosse. — L'incendie de la rue des Trois-Matelots. — L'origine du cours Cambronne. — Un souvenir de M. Garreau. — Ce qu'était la rue Voltaire en 1823. — L'Hôtel de la Monnaie. — L'ancien Palais-de-Justice. — La bande des voleurs de Grand-Champ. — Un magistrat *très-fort*.

De temps en temps, le Conseil municipal de Nantes s'occupe, pour l'ajourner à des temps meilleurs, de la construction d'un escalier monumental à l'extrémité de la rue de l'Héronnière et de la rue des Cadeniers. Que de fois n'ai-je pas entendu mettre sur le tapis cette question de voirie qui transformerait, au double point de la salubrité morale et de l'hygiène matérielle, tout un quartier où il serait grand temps de faire pénétrer l'air, la lumière et un peu de cette pudeur publique qui y est encore inconnue. Toutes ces ruelles infectes que bordent les « maisons Tellier » si pittoresquement décrites par Guy de Maupassant disparaîtraient dans une large et grande percée que nul ne saurait se plaindre de cette répurgation. Les murs qui ont, dit-on, des oreilles, ont dû en entendre de singulièrement épicées et, si les pierres parlaient, elles raconteraient des histoires dont le latin seul serait de taille à braver le peu d'honnêteté.

En 1886, le terrible incendie de la maison 44 du quai de la Fosse qui fit plusieurs victimes, faillit fournir à la mairie de Nantes le prétexte qu'elle cherchait pour faire revivre cette question. On dit quelquefois que le feu purifie tout. Il aurait purifié cette fois, par ricochet, des temples où la Vertu n'a jamais eu d'autels. Mais les dépenses ont semblé excessives pour l'instant et nous attendrons encore.

Déjà, il y a un certain nombre d'années, un incendie s'était déclaré dans une maison mal famée de la rue des Trois-Matelots. Une femme, en état d'ébriété sans doute, avait mis le feu aux rideaux de son lit et bientôt les promeneurs du quai de la Fosse avaient assisté, stupéfaits et effrayés, à la fuite de vierges folles et affolées qui se sauvaient dans un état d'indescriptible épouvante. En quel appareil ? Vous le devinez sans peine : en blanches camisoles festonnées, en jupes vert pomme, écarlate ou jaune serin, laissant des bas d'une propreté douteuse tomber en spirale sur des bottines mordorées et n'ayant même pas la pudeur de cacher leur poitrine qui n'avait jamais connu l'usage du corset.

Deux de ces malheureuses, moins alertes ou plus terrifiées, furent retrouvées sous les décombres, toutes carbonisées ! Un « Perroquet bleu » quelconque s'éleva, flambant neuf, sur les débris de la maison brûlée et ce n'est pas encore à cette époque qu'on se décida, suivant la vigoureuse expression de Buffon, à porter le fer sur ce que le feu avait épargné.

On n'y songea pas davantage le 15 mai dernier (1888) quand à la suite de je ne sais quelle imprudence une autre maison de la même rue, toute en bois vermoulu, flamba comme une allumette, mieux qu'une allumette de la Régie, je devrais peut-être dire fondit à la chaleur de l'incendie, puisque cet établissement s'appelait la *Boule de Neige.* Là encore, une femme de cinquante-cinq ans, Françoise Monnier, mourut en se jetant du troisième étage sur le pavé et eut le crâne fracassé. Cette malheureuse, trois fois mariée et trois fois veuve, avait elle-même tenu jadis, comme directrice, la maison dont les malheurs des temps l'avaient faite simple domestique. O grandeur et décadence des courtisanes! On la surnommait, j'ignore pourquoi, Mathurine.

Quel dommage que nul ne se décide à expurger un peu ces tristes ruelles : le quartier Graslin, le cours Cambronne les maisons qui l'encadrent y auraient gagné cent pour cent, surtout du côté de la rue de l'Héronnière.

Les Nantais ne se rendent pas assez compte, à mon avis, de la beauté de ce cours à qui les étrangers ne manquent jamais de faire visite. Nous passons là, indifférents, grâce à une habitude d'enfance, sans remarquer ces terrasses qui précédent chaque maison, ces balcons qui les dominent, ces galeries ajourées des étages supérieurs, cette symétrie parfaite qui n'est un instant interrompue que par les fausses fenêtres de l'extrémité gauche, ces jardinets, ces tilleuls touffus, disposés en arc de cercle et qui semblent faire au général Cambronne comme une couronne d'un vert feuillage.

Il y a cent ans, il n'existait pas grand chose de ce que nous n'admirons qu'insuffisamment aujourd'hui. Le 2 novembre 1792, en présence des autorités locales, on mettait en vente par bougies, au dernier feu, une grande partie de ce terrain qui appartenait aux ci-devant Capucins de la Fosse.

La municipalité s'interdisait à perpétuité la faculté de disposer du terrain du cours pour tout autre objet que celui d'une promenade publique, elle s'engageait à l'excaver dans un délai de trois ans, à la planter d'arbres, etc.

Par contre, les acheteurs avaient l'obligation de bâtir, dans le même délai, sur la partie qui faisait l'angle de la rue de la Constitution — aujourd'hui rue Piron — et rue de l'Héronnière, là où se trouve actuellement le café Cambronne. La mise à prix était de 5 livres 8 sous le pied carré. Les citoyens Sauvage et Fournier poussèrent vivement à l'enchère et finalement le terrain (8170 pieds 6 pouces) resta, moyennant 45,390 livres, à Fournier qui déclara alors qu'il avait acheté pour le compte de Jacques Le Cadre, demeurant sur les Ponts, et d'Augustin Bridon, demeurant place Egalité. L'acte fut enregistré le 1er décembre 1792 par Texier qui a reçu quinze sous, suivant marque au pied, comme on dit en style de basoche.

Malgré les conditions de la vente, ce n'est qu'en 1824 que ce terrain qui servait de chantier de bois à un sieur Jacquet, fut acheté par un entrepreneur du nom de Jean-Pierre Garreau, toujours de ce monde à l'heure où je trace ces lignes, et qui se dispose fort tranquillement à devenir centenaire. M. Garreau construisit cette vaste maison, qui longe toute la rue Piron, sans sortie sur la rue de l'Héronnière, sans sortie sur le cours, comme les autres immeubles du même côté et qui ne compte pas moins de cent ouvertures de toute espèce. Telles étaient les charges imposées à celui qui bâtirait : toutefois la conciergerie du cours qui devait être construite là, fut reportée à l'autre extrémité — ce qui en diminue singulièrement l'utilité.

J'ai entendu conter par M. Garreau lui-même un curieux détail au sujet de cette maison :

Il n'était pas riche alors et suffisait à peine à payer les ouvriers au fur et à mesure que les travaux avançaient. Il s'en fut trouver le général Cambronne, qui venait de toucher le legs à lui laissé par Napoléon Ier et qui prêta 20,000 francs de la main à la main au jeune entrepreneur.

Plus tard, la maison achevée, une dame espagnole en acheta le rez-de-chaussée juste le prix de 20,000 fr. qui servirent à rembourser le général.

Il ne se doutait pas alors qu'un jour sa statue s'élèverait sur le cours qui portait le nom d'Henri IV !

Pendant bien des années il n'y eut de construit sur le cours que trois maisons du côté droit et encore parce qu'elles complétaient la place Graslin. Ce n'est que plus tard que M. Cassins bâtit la moitié d'un lot de terrain du côté gauche et longtemps après que MM. Seheult et Bernard l'achevèrent. Le reste se continua progressivement, pour la plus grande gloire de l'intendant Graslin, le promoteur de cette promenade, qui est l'un des plus beaux ornements du quartier auquel il a laissé son nom.

C'était du reste à cette époque que la ville haute se métamorphosait. La rue Voltaire — alors rue Penthièvre — qui, vue de la place Graslin, découpe nettement le profil de ses hautes maisons sur le fond du ciel, bleu ou gris selon la saison, n'était bordée, ou peu s'en faut, en 1823, que de chantiers de bois à brûler. Elle se terminait presque en impasse, et n'avait de sortie à son extrémité que par la rue Rosière à droite, à gauche par la ruelle du Sanitat. Il fallut démolir plusieurs vieilles bicoques et déblayer le terrain, pour ouvrir un passage qui prolongeât jusqu'à la place du Sanitat cette importante voie publique.

Ce qui constitue aujourd'hui le quartier de la Monnaie, avec son square, son Muséum au fronton monumental, la large rue Kléber qui lui fait face, n'existait pas davantage. Terres en friche, vieilles constructions d'une corderie en ruines et à demi-brûlée, parcelles de l'ancien bois de La Touche, voilà de quoi se composait, à la fin du règne de Charles X, cette partie de la ville, si voisine de la place Graslin qui en était déjà le cœur.

La Monnaie y fonctionna : c'est là qu'Ollivier, qui venait d'en être nommé directeur, transformait en pièces de cinq francs les anciens écus de six livres. Qui se souvient encore de ces épisodes d'autrefois ? Rien ne rappelle que jadis on battait monnaie à Nantes, si ce n'est le nom de la place de la Monnaie et, près du Bouffay, une ruelle qui s'enfonce sous une haute voûte, latérale au quai jusqu'à la rue du Port-Maillard, et dont les plaques bleues, émaillées de blanc, portent ces mots : *Rue de l'Ancienne-Monnaie.*

Vers 1841, le Palais-de-Justice qui tenait au Bouffay ses lugubres assises, vint demander l'hospitalité à l'Hôtel de la Monnaie. La salle du tribunal occupait l'amphithéâtre actuel de l'école des Sciences, à cette différence près que les gradins de bois d'aujourd'hui n'existaient pas et que tout y était de plain-pied. J'y ai vu juger — c'était le conseiller Taslé qui présidait alors les assises — la bande dite des voleurs de Grand-Champ qui avait dévalisé plusieurs magasins de Nantes, notamment le magasin de bijouterie et d'orfèvrerie situé à l'angle de la rue et du quai d'Orléans et occupé depuis par la maison Desnoue.

Ils étaient là, sept ou huit accusés, hommes et femmes, recéleurs ou voleurs, qui, du banc où ils étaient surveillés de près par les gendarmes, pouvaient apercevoir parmi les pièces à conviction les monceaux de bagues, de pendeloques, de broches à châles, de montres en or, saisis sur eux au moment de leur arrestation et dont ils n'avaient pu tirer profit. Le chef de la bande, un nommé Grosset, si j'ai bonne mémoire, s'était fait sottement pincer dans un débit de la rue Saint-André. Il en sortait à peine avec un de ses complices, quand la police de sûreté qui les suivait à la piste, pénétra dans la buvette et demanda à voir ces consommateurs suspects.

— Ils partent à l'instant, déclara l'aubergiste.

— Manqué ! s'écria un des agents.

— Mais ils doivent revenir, car ils m'ont laissé en garde leur carton à chapeau.

En effet, dans un enfoncement de la muraille, caché par un rideau de lustrine verte, un carton à chapeau avait été laissé. On le prit : il était excessivement lourd ; on l'ouvrit, il contenait, en guise de couvre-chef, une partie des bijoux volés.

La piste était bonne et l'arrestation du chef de la bande amena la découverte de ses complices, notamment celle d'un tailleur de la rue Contrescarpe, bien posé dans son quartier et qu'on n'eût jamais songé à soupçonner.

L'audience fut des plus animées : se sentant perdu, Grosset en prit à l'aise avec le parquet et injuria le jury, après un verdict qui devait être et qui fut sans circonstances atténuantes. Telle était l'irritation du populaire contre ces malfaiteurs dangereux que, sans les précautions prises par l'autorité, qui avait fait garder militairement le Palais-de-Justice, ils n'eussent peut-être pas regagné vivants la maison d'arrêt.

Que de fois n'ai-je pas revu depuis à Nantes le conseiller Taslé, qui était un magistrat *très-fort* dans le sens qu'au palais on attache à ce qualificatif et dont les démêlés, parfois violents, avec les défenseurs, sont restés célèbres au barreau de Nantes ?

Aujourd'hui l'ancien hôtel de la Monnaie, l'ancien palais où dame Thémis rendait ses oracles ne retentit plus du bruit du coin qui sert à la frappe, ni de la parole éloquente du procureur du roi et des avocats en robe noire où se détache la blanche hermine.

C'est le grave philosophe, l'historien impartial, le littérateur érudit, le froid mathématicien, le dessinateur émérite, le chimiste aux curieuses expériences, qui y préparent désormais à l'enseignement supérieur des sciences et des lettres un essaim de jeunes étudiants et de gracieuses étudiantes. Leur parole rhythmée, en éveillant ces intelligences juvéniles, assoupit en même temps — le calorifère aidant — les vieilles bonnes gens, qui, pendant l'hiver, y viennent *gratis pro Deo*, prendre place « au feu et à la chandelle » de la municipalité.

VIEILLES ENSEIGNES

La première œuvre de David (d'Angers). — Les bas-reliefs de la rue de la Juiverie. — Les *Enfants Nantais*. — Le *Rat goutteux*.— Le cordonnier Gousset et le perruquier Hyrvoix. — Orthographe fantaisiste ! — Les enseignes des marchands de vins. — Je vais à ma campagne. — A la *Galette d'Or*. — La prise de la rue de la Bastille. — Saint Donatien et saint Rogatien. — Le Sabot d'amour. — Un procès à propos d'une enseigne.

J'aime, je ne m'en défends pas, les vieilles enseignes racontant au passant désœuvré ou au chercheur patient l'histoire des antiques maisons de la ville.

Certes, elles n'ont pas encore complétement disparu aujourd'hui, mais elles ne jouent plus qu'un rôle insignifiant comparé à leur importance d'autrefois. Notre siècle est un siècle pratique, il appelle les gens par leur nom, les rues par la plaque en fonte piquée à chacun de leurs angles, les maisons par leur numéro se détachant en blanc sur l'émail bleu d'un morceau de fer battu. Tout cela est correct, tout cela est propre, commode même, si vous le voulez, mais combien étaient plus pittoresques les enseignes du temps jadis !

On ne connaissait pas encore cette civilisation coulée dans le même moule, ces rues tirées à l'insipide cordeau, ces maisons qui semblent toutes bâties sur un modèle unique par un seul architecte, ces plaques faites à l'emporte-pièce et qui sans doute finiront par disparaître à leur tour pour céder la place à l'horrible appellation transatlantique. On ne demeurera même plus rue Crébillon ou rue Contrescarpe, mais bien, à la manière yankee, 115e avenue, numéro 57, quartier Nord-Est.

Si c'est là le progrès, je demande que nous revenions en arrière, aux enseignes parlantes d'autrefois où s'exerçait le talent en herbe des barbouilleurs de l'époque, et qui se découpaient en noir sur le fond clair du ciel, sous la forme de quelque botte énorme ou de chandelles en bois s'entre-choquant comme les os du squelette d'un pendu, au frontispice d'un épicier.

Ne conserve-t-on pas pieusement, au musée d'Angers, un bas-relief en plâtre stéariné, représentant un cordonnier en train de prendre, avec un demi-mètre en bois, la mesure du pied d'une dame? Cette œuvre, détachée avec soin de l'enseigne du cordonnier — il a même fallu emporter une partie de la boiserie pour ne rien détériorer — c'est le premier travail de ce maître qui devait s'appeler David (d'Angers), et qui n'avait alors que dix-sept ans?

Victor Hugo, comparant dans une de ses plus belles pages satiriques le Louvre où tant de souverains ont passé à l'une de ces auberges qui logent à la nuit, a dit :

L'antique hôtellerie est tout illuminée
L'enseigne, par le temps salie et charbonnée,
Sur le vieux fleuve Seine, à deux pas du Pont-Neuf
Crie et grince au balcon rouillé de Charles neuf
On y déchiffre encor quelques lettres..........

Eh bien, il en était autrefois ainsi à Nantes, comme partout : le soir, quand soufflait la brise d'hiver, j'aimais à entendre grincer avec une musique plaintive les enseignes balancées par les caprices du vent, et je me reportais alors aux nuits chaudes d'été où, profitant de l'obscurité des reverbères, nous allions en bande joyeuse en décrocher quelques-unes et substituer non sans malice à la carotte ponceau des bureaux de tabac une sage-femme tendant les bras à un bébé nu, debout dans un plant de choux ou quelque tricorne rouge à un robinson historié des sept couleurs de l'arc-en-ciel.

De tout cela que reste-t-il aujourd'hui ? Bien peu de chose. Passez pourtant rue de la Juiverie devant une maison occupée au rez-de-chaussée par un débit de vins, vous y verrez deux bas-reliefs grossièrement coloriés et représentant l'un l'Occasion, cette chauve déesse qu'il faut tâcher de prendre aux cheveux ; l'autre une espèce de temple où repose un homme nu, une tortue dans la main droite et deux ailes au talon gauche.

C'était — le fait n'est plus douteux aujourd'hui — l'enseigne parlante d'un sculpteur de l'époque qui avait fait installer dans cette maison un four à cuire ses plâtres et ses statues grossières, et qui en avait incrusté sur la façade, de même que nos marchands de faïence se font encore aujourd'hui, à titre de réclame, des devantures en carreaux de porcelaine polychrome.

Vous connaissez aussi au Change l'enseigne des *Enfants Nantais* qui domine l'image noircie de l'ancienne maison de bois disparue à présent. L'enseigne du *Rat goutteux* avec sa légende,

En dépit des envieux
Vivra le rat goutteux

est également à noter. J'ai retrouvé ce titre et ces deux vers, au marché des Comestibles, à La Rochelle, au-dessus d'une boutique de revendeuse. Mais rien n'y rappelait le curieux tableau de ces rats, en habit de cérémonie, en train de déballer pour la maison de commerce des pièces de flanelle qui prolongeront — c'est là sans doute l'explication de la légende — la vie des pauvres goutteux.

Ce qui date de plus loin et n'existe plus à présent qu'à l'état de souvenir, c'est l'enseigne du cordonnier-pompier Gousset, tué dans le mémorable incendie qui détruisit sous Louis-Philippe les casernes de cavalerie de la rue de l'Entrepôt, devenue depuis quelques années la rue La Moricière. C'était un lion acharné sur une paire de bottes dont il ne venait d'ailleurs pas à bout, avec cette légende : *Plutôt déchirer que découdre*, traduction léonine de la devise bretonne : *Potius mori quam fœdari.*

C'était place Royale le perruquier Hyrvoix, dont les brillantes savonnettes de cuivre grinçant à la porte faisaient chorus avec le va-et-vient aigre d'un tableau en fer battu que secouait le vent. Absalon y figurait, dans la posture désagréable qu'a value à ce personnage biblique une crinière par trop fournie. Au pied ce quatrain à rimes qui n'étaient rien moins que millionnaires, quatrain que d'autres villes ont également connu :

Voyez le pauvre Absalon
Pendu par la nuque.
Il eut évité cet affront
S'il eut porté perruque.

Non loin de là, au-dessus de la maison de mercerie Pradal,

s'élevait une immense enseigne de tailleur qui représentait deux hussards en grand uniforme du temps de la Restauration et qui s'appelait, j'ignore pourquoi : *Aux deux Edmonds*.

Je crois avoir vu jadis, à Bourges, une échoppe de savetier que surmontait cette enseigne audacieuse : *Au réparateur de la chaussure humaine*. Ce savetier avait sans doute oublié le : *Ne sutor ultra crepidam*.

A présent, vous ne trouverez plus guère d'enseignes curieuses que dans les faubourgs où s'est conservée dans sa naïveté l'enseigne grotesque et où fleurit la faute d'orthographe invraisemblable. J'ai lu du côté de l'Entrepôt cette enseigne curieuse :

PERRUQUIER D'ENTISTE

A Bouguenais, un coiffeur qui tient un débit dans son arrière-boutique, a rimé sur son double commerce le distique suivant :

Par devant on se rajeunit,
Par derrière on se rafraîchit.

Un acacia fleurit-il dans une cour de cabaretier, vite, vite, on le transforme en une enseigne qui saura

aux Saumaises futurs préparer des tortures.

Jugez-en vous-même : A LA CASSIA. Je vous recommande encore, rue Rubens, un *marchand de d'enrées* et rue de Gigant, *œufs, beurre et vollailles,* avec quatre L. Heureusement les pauvres bêtes sont mortes ; sans quoi elles aurai été capables de profiter de ce supplément d'ailes pour s' voler. Ah ! certainement plus d'un de nos détailla serait à plaindre si en France comme en Allemagne, i avait pour réprimer les fautes d'orthographe commises : les enseignes, une amende établie par les règlements mu cipaux. L'instruction est strictement obligatoire, de l'au côté du Rhin, surtout pour les peintres d'enseigne.

Les débitants à Nantes surtout ont fait mentir le proverl *A bon vin pas d'enseigne*, ils en ont tous, je parle de l'e seigne. Faut-il vous mentionner le fameux : 0-20-100-0, c doit se traduire par : *Au vin sans eau*, le Puits 100-20 *(sa vin)* et cette autre enseigne : *Il n'y a pas de bon vin ici, n c'est le chat*, où les deux derniers mots sont remplacés p un chat aux yeux de feu et à la moustache menaçante.

A mon Idée, à mon Désir, à mon Plaisir, sont commu dans les quartiers suburbains.

Jadis les duellistes croisaient le fer, route de Vannes, a environs de *La Botte d'Asperges*, une botte fort artisteme ciselée d'ailleurs. *Le Repos de Jules César* est une buve presque historique, s'il est vrai que le vainqueur des Gau ait à cette époque éloignée, descendu la Chézine avec l trirèmes romaines... en quatre bateaux, comme le singe Lafontaine.

J'ai connu chemin du Moulin-des-Poules *Au rendez-vo des Gueules Noires*, où les ouvriers des fonderies voisin venaient se désaltérer. Zola n'a-t-il pas fait figurer dans s *Assommoir* un forgeron, Gueule-d'Or, qui en est le perso nage le plus sympathique ?

Au Père La Treille, au pied de vigne d'Anjou, à la de cente des Bellilois, se lisent sur les enseignes des cafés-déb de La Fosse. *Au bon Muscadet* est un titre essentiellement nantais :

Bon Nantais, *quand je bois mon verre*
Plein de ce vin couleur de feu,
Je songe en remerciant Dieu
Qu'ils n'en ont pas en Angleterre.

Les auberges où se vend le cidre, se distinguent par une branche de pommier où pourrissent deux ou trois reinettes à moitié mûres ; quelquefois comme dans le *Guillaume Tell* de Rossini, ces pommes sont en bois peint, excellente précaution pour les empêcher de pourrir.

Souvent, comme à l'angle de la rue Bonne-Louise et de la rue du Bocage, cette pomme est un coing. Le peintre-décorateur a colorié un calembour, sans s'en douter peut-être. Cela veut dire : Au bon coin (sans *g.*) C'est ce qui s'appelle peindre avec fruit.

Qui n'a pas connu rue Contrescarpe, en face de la Brasserie Moderne dont l'enseigne est un bock-tonneau en verre dépoli, un débit plus modeste où se lisaient ces mots :

COURALEAU, MARCHAND DE VINS

Il y avait à Tours, rue de la Scellerie, non loin du Théâtre qui brûla il y a quelques années, un débitant qui portait un nom plus extraordinaire encore pour sa profession. Ce marchand de vins s'appelait... Marchandeau. Il fit faillite et, détail non moins curieux, son fonds fut vendu par le syndic à un successeur qui s'appelait : Sécheresse.

N'y a-t-il pas Beccavin, débitant, rue de la Fosse, et

Robinet, débitant, sur le quai du même nom ? J'ai connu la *Petite Potée,* rue de Flandres, où l'on était servi dans des vases d'une contenance d'un quart de litre et, rue des Vieilles-Douves, la *Grande-Tasse.* Sans se jeter à l'eau, on allait boire à la grande tasse. Il y a, rue Saint-Clément, un laitier dont l'enseigne porte : *A la bonne Mesure.*

Il y avait autrefois, à la Grenouillère, un débit dont l'enseigne représentait un bonhomme grandeur nature, chargé d'une hotte où se trouvaient — singulier assemblage ! — une femme, un singe et un chat. Au bas, ce titre : *A l'homme chargé de malice.* A la Ville-en-Bois, j'ai connu le débit du *Soldat laboureur,* dont le tableau se devine aisément avec une pareille enseigne.

L'enseigne du Bec-Salé, à l'extrémité de la rue de l'Héronnière, est bien de circonstance, dans un quartier où les propos comportent une pareille épithète.

Je ne me rappelle plus dans quelle ville un aubergiste avait, en guise d'enseigne, un grand cadran où les aiguilles peintes comme le reste, marquaient nécessairement une heure invariable. En bas, cette légende, qui expliquait la singularité de l'enseigne :

Que j'aille bien ou mal, il ne t'importe pas,
Puisque céans toute heure est celle du repas.

Tous les jeunes gens de mon âge — le nombre, hélas ! en diminue chaque jour — ont connu et fréquenté au haut de l'avenue Allard l'établissement de la mère Robinet, que son gendre et successeur, Bégué, transforma plus tard en une salle de noces et festins qui s'appelait les *Champs-Elysées.*

Il portait alors un nom moins prétentieux : *A ma Campagne*, qui avait cet avantage fort apprécié de permettre aux gens les moins fortunés, bourgeois endimanchés et compagnons en bordée, de répondre à cette question :

— Où allez-vous ?

— Je vais à ma campagne.

L'établissement Robinet, c'était la campagne de ceux qui n'en avaient pas. La jeunesse nantaise y donnait volontiers rendez-vous, en semaine, à quelques demoiselle de facile composition et d'agréable compagnie : le dimanche, le public n'était plus le même, un peu comme à la Jonnelière aujourd'hui.

A la Galette d'Or était l'enseigne d'un pâtissier qui attirait tous les dimanches foule à Pont-Rousseau, où il tenait boutique. Il ne s'agissait pas seulement d'y venir goûter quelque appétissante galette aux reflets dorés, mais une de ces galettes mises en vente contenait, en guise de fève, un louis d'or de cinq francs. C'était une sorte de petite loterie où l'enjeu était de dix centimes et le lot une pièce de cent sous. Ceux qui ne gagnaient pas avaient le droit de se venger sur la marchandise feuilletée du pâtissier.

Cette idée, pour ingénieuse qu'elle était, n'avait pas le privilège de la nouveauté : j'ai connu à Paris il y a une trentaine d'années une brasserie : *A la Saucisse d'Or*, dont la réputation s'était fondée de la même manière. Tous les jours, un louis de vingt francs était glissé dans une des saucisses qui servaient aux « choucroûtes garnies » et, moitié espoir de lucre, moitié curiosité, tout Paris passa à la *Saucisse d'Or*.

Les quartiers populeux ont plus que les autres le privilège des enseignes curieuses. Un perruquier de la chaussée de la

Magdeleine, avait comme enseigne, une paire de ciseaux avec ce distique :

Les ciseaux d'Atropos font frémir la nature :
Les miens, moins rigoureux, réparent la figure.

C'était, non loin de là, à l'entrée de la chaussée, qu'on voyait jadis une niche sculptée, conservée dans un pan de muraille et dans laquelle était placée, entre Saint-Gilles et Saint-Laud, une statue de la Vierge, connue et vénérée sous le vocable de la bonne Vierge de Crée-lait. Les nourrices y venaient comme de juste, faire leurs dévotions.

A la Prise de la Bastille, est un titre qui conviendrait à merveille au bureau de tabac situé à l'angle de cette rue et de la rue Deshoulières.

Ce que j'aime encore, ce sont les enseignes en bois. l'énorme fusil de dix à douze pieds de haut, digne des Nemrods antiques, qui à la porte des armuriers, menace le ciel de son canon gris-de-souris ; c'est la limousine zébrée de rouge et de crême qui annonce de loin aux campagnards illettrés la boutique où elle se vend ; c'est la gaule flottante à l'extrémité de laquelle se dandine entre l'azur du firmament et le pavé noir de la rue un hareng-saur parfumé ; ce sont aussi, comme sur le quai de la Tremperie, ces *Chester* et ces *Côte-Rouge* en châtaignier, passés au jaune d'ocre ou au rouge sang-de-bœuf, et disposés — enseigne inodore ! — sur une serviette d'un blanc immaculé ; c'est encore le coq-girouette en fer-battu qui sert d'enseigne aux plombiers.

A part leurs bocaux sphériques qui s'illuminent le soir en rouge-orange ou en indigo, les pharmaciens n'ont généralement plus d'enseigne ; autrefois, les apothicaires ne dédaignaient pas, à la porte de leur officine, quelque symbole de leur profession. S'il vous prend fantaisie d'entrer quelque dimanche au Musée d'Archéologie, trop étroit assurément pour les curiosités qu'il renferme, vous y trouverez, à l'extrémité du bras gauche de la croix que forme l'Oratoire, un bonhomme en chêne sculpté en train d'agiter dans un mortier le pilon traditionnel de MM. les apprentis-droguistes. C'est une vieille enseigne de Nantes.

A deux pas, se trouve celle, non moins ancienne et plus intéressante, des *Enfants Nantais*, qui a été transportée là, avec la plaque même de la rue dont elle formait l'encoignure. On y lit: *Rue de la Poissonnerie, 3e arrondissement.*

Elle représente : d'une part, saint Donatien et saint Rogatien, les cheveux châtains ondulés, en bandeaux à la Vierge, la figure fortement enluminée, vêtus d'une robe blanche à bandes vert bouteille et portant à la main des palmes. Auprès d'eux, un évêque avec les attributs de ses fonctions pastorales, à ses pieds une génisse à la robe café-au-lait. Des figures d'anges bouffis au-dessus, et, comme soubassements, deux anges aux ailes déployées, habillés en costume des bourgeois du moyen-âge et soutenant un écusson à l'Hermine de Bretagne.

Il y a encore cette statuette de femme en train de rouler des cornets, assez fruste d'ailleurs pour qu'on ne puisse pas sans peine s'expliquer son occupation et qui devait servir d'enseigne à quelque épicier.

Le docteur Minée, père de l'évêque constitutionnel de Nantes pendant la Révolution, avait une curieuse enseigne. C'était un apophtegme latin inscrit, au fronton de sa maison, dans un losange : *Hic de vitâ vita*, ce qui peut se traduire ainsi : ***Ici l'on vit de la vie des autres.***

Aujourd'hui les médecins en France n'ont plus d'enseignes, pas plus d'ailleurs que les avocats; quant à ces derniers, leurs règlements professionnels s'y opposent et plus encore la dignité même de leur ordre. A l'étranger, au contraire, il en est qui ne craignent pas de recourir à l'enseigne, à l'annonce dans les journaux.

En Belgique, c'est un Code qui sert d'enseigne à certains avocats, un peu comme le livre qu'en passant rue Lafayette vous pouvez voir chez le relieur Barbier. A Genève, l'enseigne d'Amberny, l'avocat de la rue du Marché, droit en face la place du Molard, au cœur même de la ville, est célèbre parmi les touristes. Elle représente l'*Huître et les Plaideurs*. C'est un véritable tableau de trois mètres de hauteur, où cet avocat est représenté en robe, rendant à deux plaideurs, l'un de la ville, l'autre de la campagne, les coquilles de l'huître. Cette enseigne quelque peu effrontée et qui fut mise en place il y a une vingtaine d'années environ, loin de faire tomber les écailles des yeux des plaideurs, ne détourna pas la clientèle du cabinet de l'audacieux avocat.

Dans un autre ordre d'idées une enseigne modeste alimente de temps à autre, la polémique des journaux de la ville, de l'*Espérance du Peuple* notamment. Cette enseigne qui se trouve, 80, rue Saint-Clément, presque en face des anciens bureaux du pieux journal, c'est le *Sabot d'Amour :* un sabot peint en rouge, agrémenté de grappes de raisins dorées et d'une figurine de Bacchus.

Qu'est-ce qui, dans cette enseigne, peut bien choquer l'*Espérance du Peuple ?* Est-ce le sabot ? Serait-ce l'amour ? Non, c'est qu'au *Sabot d'Amour* demeure un brave et loyal républicain de mon âge, à la moustache blanche, qui, dans un quartier encore inféodé à la noblesse et au clergé, ne craint pas, à l'inverse de tant d'autres, d'affirmer franchement sa manière de voir. Il s'intéresse à la bibliothèque populaire de la rue d'Allonville, il fait partie de la Société de bienfaisance des Ecoles laïques, Dieu me pardonne ! le bruit court qu'il préside le comité républicain du 2e canton, il est bien capable d'être franc-maçon, il commet quelques autres forfaits du même genre et voilà ce qui lui valait les aménités de l'*Espérance* qui, toutes les fois qu'elle mettait le nez à la fenêtre, ne pouvait pas regarder, sans loucher, juste en face de chez elle, ce sabot par trop plébéien pour ses manières d'aristocrate.

Voyez pourtant comme les enseignes les plus insignifiantes peuvent donner lieu aux discussions les plus divertissantes !

J'ai ouï parler, il y a une trentaine d'années, d'un procès qui, s'il s'est plaidé, ce que j'ignore, n'a pas dû manquer de piquant. Il s'agissait d'un débitant de vins qui, sur le balcon dominant sa boutique, avait fait installer une énorme enseigne de quinze pieds de long sur trois de hauteur, avec cette inscription banale : *A mon désir*.

Or, on ne s'avise jamais de tout, cette enseigne choqua la pudeur d'une jeune lingère qui occupait le premier étage de ladite maison et qui prétendit que les méchantes langues pourraient considérer comme sienne cette réclame inconvenante. L'enseigne disparut, je crois, mais surtout parce qu'elle assombrissait la chambre de la lingère en égayant le passant.

Notre époque, légèrement naturaliste, ne s'effaroucherait sans doute pas de si peu.

J'en ai même connu de plus décolletées et peut-être, en passant à Rennes rue Saint-Georges, en retrouveriez-vous une que j'y notai il y a tantôt quarante ans et que les convenances ne me permettent pas de reproduire.

Peut-être a-t-elle disparu, comme tant d'autres.

L'enseigne se meurt, l'enseigne s'en va. Les annonces des journaux, la distribution des mille prospectus qui ne passent de la main du facteur-express dans celle du badaud que pour être jetés une minute après dans le ruisseau voisin, les hommes-affiches, ces *sandwiches* à deux pieds, les voitures qui affectent la forme des produits qu'elles transportent, les rideaux-annonces, tout cela devait porter à l'enseigne enfantine d'autrefois un coup irrémédiable.

Vous connaissez cette enseigne qui représentait un homme succombant sous le poignard de plusieurs meurtriers, ce qui voulait dire : — *Crédit est mort, les mauvais payeurs l'ont tué !*

L'enseigne est morte, m'est-il permis de dire avec non moins de raison, c'est la réclame qui l'a tuée !

TYPES ET CRIS DES RUES

Deux brigands de la Loire : Zapone et Théodore. — La femme à Théodore. — Carilès chez Mme Cuissart. — La « bousine » du Marquis. — Les sœurs Amadou : Coquette et Papillon. — Le père aux chiens. — La pièce curieuse du père Lebœuf. — Les marchands d'échaudés, de bâtons de guimauve, de mort-aux-rats, etc. — Les poissonnières. — Marchands d'guenilles !

J'ai toujours laissé aux historiens sévères, aux graves érudits, la tâche ardue d'écrire les annales officielles de la cité. Ceux-là pâlissent sur la paperasserie administrative, reniflent l'odeur aigrelette du papier timbré, aspirent la poussière des archives où s'agite le monde des microbes : délibérations des corps constitués, procès-verbaux des assemblées communales, arrêtés du préfet ou du maire, consultations des chambres de commerce, jugements des tribunaux civils ou consulaires, les savants feuillettent tout ce fatras indigeste pour en extraire une histoire ennuyeuse, glaciale, exsangue, d'où sont bannis le mouvement et la vie. Tout y est coulé dans le même moule d'une désespérante banalité, tout y est écrit dans ce style administratif qui est la négation même du style véritable, au milieu d'un silence de mort que troublerait la moindre velléité d'indépendance et de bruit.

La vie active des rues et des quais, les boutiquiers qui ouvrent le matin les volets de leur devanture, les lourds camions qui passent en faisant crépiter les vitres, la locomotive qui souffle comme un asthmatique, le tramway rapide, l'omnibus aux durs cahots, les cochers qui *tapent* sur leurs bourgeois respectifs avec un touchant accord, les camelots aux cris divers, les marchands *d'guenilles* qui lancent dans les cours quelques syllabes inarticulées comme invite aux clients, les *boucaniers* de la Fosse aux propos obscènes, les raccommodeurs de faïence et de porcelaine, les chanteurs ambulants, italiens pour la plupart, *en hôtesse* chez Filiberti, leur compatriote de la place Viarmes, gaillards au teint bronzé, porteurs d'une harpe sonore, ou fillettes précoces qui ne connaissent pas la torture du corset, tout cela n'existe pas pour l'écrivain officiel et pourtant tout cela fait partie de l'histoire locale, au même titre que tant d'autres choses qui seront oubliées demain.

Pourquoi ne pas ressusciter ici quelques-uns de ces types curieux de la rue que tous nous avons connus et vus disparaître, et qui méritent, à défaut de la curiosité de l'archéologue, le souvenir bienveillant de l'observateur qui ramasse les miettes des annales nantaises?

Du plus loin qu'il m'en souvient, je vois un ancien artilleur de la garde impériale — un brigand de la Loire, — aux prises avec la police de Louis XVIII. Il s'appelait Zapone et avait une jambe de bois, en échange de la bonne, de la vraie, qu'il avait laissée à Austerliz ou à Wagram. Sa toquade était de crier de temps à autre : — Vive l'empereur ! L'empereur était mort, mais cela faisait enrager les gouvernants d'alors. Les agents se mettaient en devoir d'arrêter mon Zapone, qui, debout sur sa jambe de bois, se défendait de son mieux avec l'autre et s'en servait pour tenir les gardes à distance. Quand il mourut, sa veuve continua quai Penthièvre son modeste commerce de fabricant de cordes à violon. J'ignore ce qu'est devenu son fils, qui partit, en 1848, avec d'autres gardes nationaux de Nantes pour étouffer l'insurrection de juin. Comme il passait à Tours, il goûta de trop près au bon vin de Vouvray, et, par une singulière transposition des rôles, il s'imagina qu'il allait à Paris soutenir les insurgés — et il eut le tort de le dire tout haut. Quelque vilaine affaire dut s'ensuivre. Depuis, je n'ai plus entendu parler de lui.

Zapone n'était pas seul à crier : Vive l'empereur ! Un portefaix qui se tenait d'ordinaire au Change, lui faisait écho. C'était Théodore, un ex-cuirassier de la garde, dont la figure était cinglée d'une large balafre et qui avait conservé le souvenir par trop vivace de son « petit caporal. » Cette expansion lui valait, en moyenne, trois fois par mois, une nuit blanche — tout était blanc à cette époque ! — au violon de la Permanence.

Il y trouvait d'ordinaire une pauvresse du nom de Cécile Robert, qui avait connu des jours plus heureux, mais que les revers de la vie galante avaient conduite à la misère, la misère à l'ivrognerie, l'ivrognerie à une dégradante malpropreté. N'avait-elle pas fini par élire domicile pendant la nuit — j'ai honte de le dire — dans les lieux d'aisance des cales, sous les ponts ? Les agents qui avaient constaté la rencontre fréquente au poste de cette malheureuse et de l'ancien cuirassier avaient fini par donner à Cécile Robert un sobriquet de circonstance, ils l'appelaient *la femme à Théodore*.

Plus tard vint le fameux Carilès qui a fourni à Mme Colomb un livre touchant, adoré des enfants, la *Fille de Carilès*.

C'était un type étrange, avec son chapeau de gendarme ombragé d'un immense plumet, et qui, installé habituellement près de la poste aux lettres — elle était alors passage Pommeraye et rue Santeuil — se plaisait à jouer du violon avec n'importe quoi en guise d'archet. Un soir qu'il avait bu (ces soirs-là étaient fréquents), il s'introduisit, on n'a jamais pu savoir comment, dans l'appartement occupé boulevard Delorme par M. Pitre Cuissart, alors adjoint au maire de Nantes. M. et Mme Cuissart étaient au théâtre, les domestiques voisinaient sans doute, bref Carilès était entré. Vous devinez le cri de terreur et d'horreur que dut pousser l'élégante adjointe aux beaux-arts, lorsqu'en se retirant dans sa chambre à coucher, elle vit son lit occupé par le père Carilès qui ronflait comme un lansquenet, tandis que ses oripeaux infestés de vermine gisaient en tas sur un moelleux tapis.

On le mit à la porte avec tous les égards dus à sa personne, mais il fallut brûler du sucre avant de parvenir à décider Mme Cuissart à reprendre possession de sa chambre et elle n'y dormit pas de quinze jours, c'est-à-dire de quinze nuits. Quant à Carilès, jamais il ne réussit à se rappeler par quel chemin il était arrivé jusqu'aux draps de fine batiste dans lesquels on l'avait retrouvé enveloppé.

Ce Stradivarius du pavé n'était pas seul de son espèce. J'ai fort connu, au temps jadis, un fils de famille dont les fredaines avaient fini par entraîner l'interdiction. Il quitta Nantes, mais il y revenait quelquefois pour faire enrager le *paternel*, comme il disait. Avec une désinvolture rare, il circulait dans les rues en costume de seigneur Louis XV quelque peu fané du reste, perruque à la catogan, culottes bouclées au genou, bas blancs en spirale. On l'appelait le Marquis. Il portait en bandoulière un instrument étrange, une planchette garnie d'une vessie, d'une *bousine*, que retenaient quelques cordes insuffisamment tendues. Parfois, il s'arrêtait place Royale, montait sur un pliant et après un court boniment à l'assistance, il se mettait à déclamer une chanson à la mode, en s'accompagnant sur son violon primitif qui ne donnait naturellement que peu de sons, uniformes d'ailleurs. Mais si comme instrumentiste, il laissait à désirer, il avait comme chanteur, je ne sais quoi d'empoignant dans l'énergie de la diction.

On sentait en lui un déclassé qui avait retenu quelque chose de son éducation première, de son instruction d'autrefois et il n'était pas jusqu'à l'accompagnement rauque de sa manière de violon dont il ne tirât un effet saisissant. Il déclamait les *Louis d'Or* de Pierre Dupont, comme pas un et quand il arrivait au couplet :

Il avait la moustache grise,
Le chapeau haut, le manteau bleu,
Dans ses cheveux soufflait la bise,
C'était le diable ou le bon Dieu,

il vous passait dans le dos un irrésistible frisson.

La popularité, c'est la gloire en gros sous.

Le Marquis était populaire, il recueillait de la gloire en même temps qu'il ramassait des gros sous. Puis il disparaissait de Nantes pour revenir quelques mois après. Une fois il partit et n'est pas revenu.

Les sœurs Amadou datent de moins loin. Des fantaisistes qui trouvent moyen de sophistiquer jusqu'au sobriquet des gens, attribuaient ce surnom à une chanson favorite de ces deux vieilles filles, — chanson dont le refrain aurait été :

A ma dou.... à ma dou...
A ma douce amie.

Imagination pure : leur père était un brave homme qui vendait des pierres à fusil et de l'amadou, on ne connaissait pas alors les allumettes chimiques, et s'en allait en criant partout : *Bon'madou, messieurs dames, bon'madou.* Le nom lui en demeura et il le transmit à ses filles, en guise d'héritage. Ce fut le seul d'ailleurs.

Lingères de leur métier, les sœurs Amadou, qui avaient quitté de bonne heure le serre-tête et la coiffe, étaient devenues d'une coquetterie outrée qui exerça sur leur pauvre cerveau la plus lamentable influence. Elles devinrent littéralement toquées et cette folie s'accrut encore par la lecture de romans de chevalerie, dont elles transportaient volontiers les fictions dans la réalité de la vie. *Coquette* et *Papillon* — c'étaient leurs surnoms ironiques — se gardaient chastes et pures pour les galants paladins qui, un jour venant, les délivreraient de leurs ennemis et les épouseraient, et il fallait entendre Coquette dire à Papillon, à la moindre inspection d'un passant :

— Baisse les yeux, ma sœur, un séducteur te regarde.

J'ai trouvé chez un des photographes de notre ville un portrait des deux sœurs Amadou. Elles n'ont pourtant jamais posé devant l'objectif ; leur extrême mobilité eût été, j'imagine, un obstacle invincible à l'éternel : *Ne bougeons plus !* de nos modernes adorateurs du soleil. Seulement des dessinateurs, des aquarellistes, amateurs ou artistes de profession, ont de temps à autre croqué cet incomparable groupe et faute de l'original, je devrais dire des originales, c'est la copie qui a posé. C'est aux vitrines de magasins de gravures que ces deux célébrités locales étaient exposées, fournissant une ample matière à la verve des poètes ignorés du crû, dont je parlerai quelque jour pour ne pas laisser leur réputation au-dessous de leur mérite. La fantaisie suivante peu connue fut écrite, à l'occasion d'une de ces charges, par un jeune soldat du camp de Châlons qui la mit tout naturellement sur le compte du tambour-major du fameux 101ᵉ célébré par Noriac :

A DEUX SŒURS ARTISTES

O dureté des temps ! ô têtes condamnées !
Comme dit La Caussade en vers éblouissants
Je vous revois encor, pauvres abandonnées
Chantant sur les pavés glissants.

Je vous revois encor comme je vous ai vues,
En d'autres temps meilleurs noyés dans mes regrets,
Traînant votre misère à tous les coins des rues,
Avec vos chapeaux jadis frais.

Du luxe féminin burlesques parodies,
Quoi ! vous chantez toujours sous vos chiffons dorés ?
Et vous souriez même avec vos mélodies,
Doux refrains par vous déchirés.

On dit que, malgré tout, vous êtes orgueilleuses,
Et que vous vous croyez de sang patricien.
Pourquoi vous enlever à vous si malheureuses,
Ce peu qui vous fait tant de bien ?

Vous le voyez, Girin — qui sous ce pseudonyme
Cache un nom blasonné — partageait votre avis,
Malgré votre malheur, votre existence infime,
Il rendit vos portraits sans prix.

Grâce à lui, vous allez, fantasques et fanées,
Dans les albums dorés coudoyer les grandeurs.
Vos vœux sont accomplis, tristes prédestinées,
En dépit de tous vos frondeurs.

Grâce à l'artiste aimé, vous êtes immortelles !
Qu'importe où vous avez tracé votre sillon !
Vous aurez triomphé de rivales plus belles,
Pauvres Coquette *et* Papillon.

Girin, qui avait portraicturé les sœurs Amadou, appartenait effectivement à une famille noble : c'était le pseudonyme à peine dissimulé de son véritable nom, vicomte de la Girennerie. Son père qui avait été lieutenant-colonel, habitait à Nantes, dans le quartier Saint-Pierre : il était, lui, dessinateur au *Journal amusant*, tout comme notre compatriote Paul Destez est dessinateur à l'*Univers illustré*. Le sabre avait cédé au crayon : une pointe chasse l'autre.

Papillon faillit un jour être écrasée par une voiture et dut s'aliter pendant de longs mois. Quand on la revit, elle avait pris un embonpoint monstrueux et elle était installée dans une petite voiture — sorte de boîte en bois sans couvercle, ajustée sur quatre roulettes, à laquelle Coquette s'était attelée.

Imaginez sur la palette du peintre le plus impressionniste le mêli-mêlo le plus extravagant des couleurs les plus abracadabrantes et vous n'aurez encore qu'une médiocre idée de la toilette des sœurs Amadou. C'était un composé de nippes étranges, soie fripée, velours décati, indienne passée, dentelles en loques, depuis le vert pomme jusqu'au jaune serin, qui excitait au passage le rire sans pitié de tous les gamins du Marchix. Elles trouvaient leurs guenilles splendides.

Et quelle voix ! De temps à autre, Coquette s'arrêtait, inquiète, effarée, comme une poule qui voit se jeter à l'eau une couvée de cannetons, elle regardait de tous côtés, et poussait quelques gloussements gutturaux, tandis que de ses doigts maigres elle râclait une guitare sans cordes.

Pauvres vieilles filles, qui reposez aujourd'hui dans le sommeil du tombeau, là du moins vous avez retrouvé ce calme qui avait manqué à votre vie agitée. Les vilains *poisses* de la place Bretagne ne courent plus après vous, pour tirer votre châle à ramages, et, dans la vie d'outre-tombe, vous avez peut-être retrouvé ces chevaliers bardés de fer dont vous célébriez sur votre mandoline les gestes héroïques et qui avaient séduit vos cœurs inflammables comme l'amadou dont vous portiez le nom !

Aujourd'hui que reste-t-il en fait de célébrités du même genre? Un joueur de vielle, difforme, à la figure émaciée, mais non sans intelligence, et dont l'instrument discordant crispe l'oreille la moins délicate. Il a l'air malheureux qui appelle la pitié. Les uns lui donnent un sou par charité, les autres lui en donnent deux pour qu'il s'éloigne. On le dit à l'aise et je me suis même laissé conter qu'il s'était marié, il n'y a pas trop longtemps, avec une jeune femme. Lui-même est moins âgé sans doute qu'il ne le paraît et pour peu que les années respectent ce couple digne de Philémon et Baucis, vous verrez — car je n'y serai sans doute plus — cet instrumentiste ambulant se retirer du commerce, fortune faite entre sa vielle et sa vieille.

De telles fins sont rares et l'exemple du contraire se trouverait plus aisément, à en juger par les autres types que je vous ai cités et auxquels vous pouvez ajouter Moreau.

Moreau avait été perruquier au 16e léger, mais quand il quitta le régiment, il ne quitta pas le rasoir et s'établit maître coiffeur à Nantes. Sa vue s'était affaiblie avec l'âge, sa main tremblait, la clientèle déserta sa savonnette et le pauvre homme dut vendre son modeste fonds à vil prix. Que faire? Il se procura une demi-douzaine de chiens qu'il traînait en laisse, ou, pour parler plus exactement, qui le traînaient en laisse, en vendit, en racheta, et se fit connaître sous un sobriquet tout indiqué : *Le père aux chiens.*

Le métier n'était pas bien fameux et, comme le disait la légende d'une caricature de l'époque exposée chez la veuve Pottin, *c'était un métier de chien.* Pourtant le bonhomme en vivotait, quand un beau matin il reçut le coup de grâce, qui fut un coup de chien pour lui.

L'impôt sur les chiens fut décrété et le tua.

D'autres types méritent aussi de sortir de l'oubli. Il faut remonter assez loin pour se rappeler Pierrot l'aveugle, un mendiant fort connu qu'un accident avait privé de la vue, mais qui n'en conservait pas moins un flair merveilleux pour se guider seul dans le dédale des moindres ruelles. Les jours de brouillards — et il y en eut de mémorables — Pierrot recouvrait sur le reste de la population une incontestable supériorité et il empêcha même quelques passants égarés de tomber à la Loire qu'ils ne voyaient pas, ni lui non plus, mais que lui seul sentait toute voisine.

Que vous citerai-je encore ? Un nègre du nom de Coco, généralement installé sur le pont des Deux-Liards, sorte de passerelle à péage qui conduisait par-dessus l'Erdre du pont Sauvetout à la place des Petits-Murs ; les portefaix de la famille Lépinay, installés, de mère en fils, sur la place Royale, où ils ciraient les bottes des passants et faisaient tout ce qui concernait leur état ; leur sœur bouquetière au théâtre, qui vendait aux jeunes gens des fleurs pour les lorettes et qui ne vendait pas que cela ; Basile, marchand de contremarques, un Congolais du plus beau noir, mal marié à la directrice d'une maison suspecte, puis séparé d'avec elle et qui mettait au service du « central » de l'époque des talents de *détective* de premier ordre ; le père Renaud, un maître nageur qui eut comme élèves les « lions » d'autrefois et qui avait, paraît-il, la peau tatouée des pieds à la tête de la plus bizarre façon. Pauvre bonhomme qui devait finir bien misérablement, en tombant de la hauteur du parapet du cours Saint-Pierre sur la chaussée de la rue Félix! Depuis cet accident, la municipalité, qui s'en était émue, a fait installer un grillage protecteur. Il y avait aussi, de 1830 à 1839, le père Lebœuf, qui circulait avec une lanterne magique et une vielle. Son beau-frère exhibait la lanterne magique, tandis que lui débitait le boniment. *Lanterne magique!* criait-il en passant dans les rues, tandis que les gamins qui le suivaient lui répondaient sur une gamme assez naturaliste : *Mon c...*, sachant bien que Lebœuf continuerait sans sourciller par sa phrase ordinaire : *Pièce curieuse.*

Quelques vieux nantais se rappellent sans doute un mari et sa femme, qui annonçaient ainsi les volailles mises envente :

Les dames d'en haut,
Descendez en bas ;
Voilà de beaux
Poulets gras.

Tout Nantes a connu un marchand de petits pains d'une fabrication particulière qu'il appelait pains de Paris et que les joyeuses commères des quartiers populeux achetaient le matin pour tremper dans le café. Ce marchand dont le nom me fuit, était monté sur un roussin d'Arcadie et colportait ses petits pains dans deux mannes. Il fut compromis dans une vilaine affaire de mœurs et disparut de la circulation.

Les échaudés ont eu leur heure de vogue. Vous connaissez cette pâte qui offre, au sortir du four, la consistance du caoutchouc et qui faisait cependant les délices de plus d'un estomac délabré : on dit que, dans le déjeuner du matin, c'est excellent, mais je ne partage pas cette appréciation et comme je ne veux désenchanter personne, j'aime mieux constater la célébrité de cette variété de la panification nantaise. Cela se vendait, surtout en hiver, dès la première heure et longtemps avant le jour venu : de petits garçons, traînant de petites voitures spéciales, les criaient, en mettant la matn droite près de leur bouche, en guise de demi porte-voix.

Les échaudés chauds,
Croustillants,
Du bas jusqu'en haut
Régalez-vous en,
V'là le marchand !

Une Angevine que d'aucuns croyaient née sur les bords de la Garonne, s'était fait une spécialité de bâtons de guimauve rouges et blancs, qu'elle vendait dans une petite corbeille sur un air devenu vite populaire.

Tout chaud bouillant,
V'là du rouge et du blanc,
Mes enfants,
Qui appelle le marchand ?

Ou encore sur ce refrain connu :

Demandez la pâte de guimauve,
Un sou l'bâton
La faridondaine, la faridondon
Il faut la manger aujourd'hui,
Biribi,
A la façon de Barbari,
Mon ami !

La mère Paitel vendait sous le nom de *bâtons voyageurs,* un mélange de miel et de farine dont les *quenots* des Ponts se pourléchaient les lèvres et les doigts jusqu'au coude. A quatre-vingts et quelques années, elle exerçait encore son petit commerce, mais elle laissait à des voix plus jeunes le soin de crier.

Le père Amadou criait sur le mode traînard le refrain qui lui avait valu son sobriquet :

Qui veut de l'amadou
Pour un sou,
Des pierrettes
Et des allumettes ?

Le marchand de mort aux rats qui se promenait portant pendus au bout d'un T gigantesque une douzaine de rongeurs gris foncé, ne criait pas son spécifique, mais pour en faire ressortir à la fois le mérite terrible pour les rats et les souris, inoffensif pour le Dieu Public, il en mangeait sans sourciller *coram populo.*

Les cris des poissonnières n'ont guère changé. *A la vive! à la vive !* annonçait la sardine fraîche, aux fines écailles d'argent. *Bourgneuf, bourgneuf!* ou encore *à l'hître! à l'hître !* annonçait l'huître vendéenne qui s'est faite plus rare à présent. Au cri d'autrefois : *Maquereau frais ! maquereau frais !* un euphémisme où la pruderie tenait certainement plus de place que la pudeur véritable, a substitué le cri de *poisson bleu. Soles à fricasser, aux soles !* se disait dès 1830 et le vocabulaire de la corporation des dames de la Poissonnerie n'a pas subi, au point de vue de la linguistique, de retouches appréciables. Elles mettent toujours les points sur les *i* et... sur les hanches.

Un dernier cri bien nantais, malgré la spécialité que se sont faite à Nantes les Limousins comme chiffonniers en gros, demi-gros et détail, c'est le cri de : *marchand d'guenilles* qui remplace ici le : *Vieux habits ! vieux galons !* de la capitale.

Guenille, si l'on veut, ma guenille est chère,

dit le bonhomme Chrysale dans les *Femmes savantes*. Il semble que nos guenilles nous soient chères aussi à nous autres Nantais qui avons établi sur la place Bretagne un marché spécial, élevé presque à la hauteur d'une institution locale. Je me figure encore, à la grande rigueur, la place Bretagne sans cases de baladins, sans ménagerie, sans salons d'anatomie comparée, sans la belle Fatmah et son concert tunisien, je la comprends à la rigueur sans le cirque traditionnel, sans ses petites baraques où la pomme de terre coupée en tranches minces sautille en chantant dans un bain de graisse bouillante, sans cette population de boucaniers, manœuvres le jour et souteneurs la nuit, sans ces filles effrontées, perverties avant l'âge, mais je ne me représente pas la place Bretagne sans ses guenilles, dont je retrouve encore le nom dans cette ronde enfantine de Nantes :

La guenille
A Pierrot pendille,
La guenille à Pierrot.

DUELS ET DUELLISTES

Les duels d'autrefois. — Au relais de Saumur. — Disparition d'une femme du monde. — Une plaidoirie de Berryer. — Un avocat sur le terrain. — Une rencontre... *non officielle.* — Le *Spadassin* de Richepin.

Une des récentes rencontres du Bois de Boulogne a ramené mes souvenirs à certains duels qui firent jadis grand bruit dans notre bonne ville de Nantes.

A une époque qui n'est pas aussi éloignée de nous qu'on ne pense, la jeunesse mettait pour un oui, ou pour un non, l'épée à la main ou dégaînait la lourde rapière pour aller se mesurer sur le terrain. On se serait cru reporté aux habitudes dont il est question dans les *Chroniques du temps de Charles IX*, de Mérimée et malgré soi on se mettait à fredonner les airs à la mode du *Pré aux clercs*.

Nargue de la folie
De tous ces gens de cœur
Qui de jouer leur vie
Se font un point d'honneur !

Ce serait une histoire curieuse à écrire que celles des

duels qui eurent lieu à Nantes, d'autant que vous n'en trouverez pas de trace dans les feuilles locales. Par une sorte d'entente spontanée et tacite, les journaux d'alors ne donnaient pas aux procès-verbaux rédigés par les témoins le retentissement de leur publicité, le parquet les ignorait quatre-vingt-dix-neuf fois sur cent et les tribunaux n'étaient pas appelés à en connaître.

Tel fut le cas de la rencontre qui eut lieu à Saumur, je crois, à l'une des étapes de la malle-poste qui faisait le trajet de Nantes à Paris.

La diligence venait de s'arrêter : le postillon avait quitté le poulet d'Inde enfourché au précédent relais. Une heure d'arrêt était laissée pour se livrer à l'absorption difficile d'un dîner où les plats se faisaient régulièrement attendre pendant cinquante minutes et n'étaient prodigués, comme par une ironie digne des bourreaux de Tantale, qu'au moment où le conducteur harcelait les voyageurs pour les faire remonter dans cette boîte à supplice, véritable cage du cardinal La Ballue.

Parmi les voyageurs, se trouvait un Nantais pur sang, parfait gentilhomme et fine lame, renommé à la ronde tout à la fois pour son exquise politesse et sa chatouilleuse susceptibilité. A table étaient déjà assis des officiers en garnison dans cette localité qui, avec la familiarité des gens de la maison, devisaient tout haut entre eux, sans souci de froisser ceux que le hasard leur donnait momentanément comme voisins. La conversation tomba sur Nantes et l'un des officiers, peut-être sans songer à mal, eut la malencontreuse idée de parler de notre ville sans lui épargner des critiques déplaisantes.

— Pardon, monsieur, dit tout d'un coup notre gentilhomme, avec une voix aussi douce et aussi calme que vous pouvez l'imaginer, je suis Nantais et ne saurais accepter vos appréciations sur une ville qui m'est particulièrement chère. Désolé de ce qui arrive, mais je vous prie de vous rétracter ou de me rendre raison.

Etonné d'abord — on le serait à moins, avouez-le, — l'officier ne crut pas que son uniforme lui permît de décliner un aussi singulier rendez-vous.

— Terminons toujours le dessert, ajouta avec un flegme et une urbanité parfaits le voyageur nantais. Ne nous pressons pas. Ce n'est que l'affaire d'un instant et notre duel achevé, j'aurai le temps de remonter en voiture.

On passa dans une cour voisine, promue à l'honneur inattendu de servir de pré-aux-clercs à ces champions d'un nouveau genre qui n'avaient l'un contre l'autre aucune rancune vraiment sérieuse. Les habits furent mis bas, un des officiers qui ne se battaient pas prêta son épée, deux autres consentirent à servir de témoins à l'adversaire de leur ami, et au signal donné, les adversaires tombèrent en garde.

Une, deux, trois, un dégagé serré à passer dans une bague, et l'officier, malgré son habitude de l'escrime, reçut à l'épaule une légère blessure que la courtoisie du gentilhomme n'avait pas voulu accentuer davantage.

La justice ne connut pas cette rencontre ou, si elle la connut, elle ferma bénignement les yeux. C'était son habitude.

Il y eut pourtant quelques exceptions à cette règle et la doctrine du : *laissez faire, laissez passer,* subit dans certaines circonstances une atteinte à laquelle n'était pas accoutumé le libre échange des coups d'épée.

C'était en 1855 — il y a déjà trente-trois ans — comme le temps passe !

Une jeune femme de Nantes que le lecteur me permettra de ne désigner que par l'initiale de son nom, Mme H..., entretenait avec un jeune homme, M. C..., une correspondance dont elle finit par comprendre le danger. Il y a longtemps qu'on l'a dit : *Scripta manent!* Elle résolut de mettre un terme à ce commerce épistolaire et réclama ses lettres à M. C... Pourquoi ne se contenta-t-il pas de les renvoyer purement et simplement? pourquoi voulut-il les remettre lui-même à Mme H... et lui fit-il demander par un tiers, M. R... de L... qui avait l'entrée de la maison, un rendez-vous dans un jardin public? Je vous laisse le soin de répondre à cette question comme bon vous semblera. L'intermédiaire fit dans ce but à la jeune femme une première visite, puis une seconde le lendemain sur la demande *écrite* de celle-ci, qui exigeait, avant de répondre favorablement au rendez-vous sollicité, une lettre de M. C...

Or — c'est ici que l'affaire devient étrange — dans la nuit qui suivit cette seconde entrevue, la jeune femme disparut du domicile conjugal et depuis, le lieu de la retraite qu'elle s'était choisie, ne put être découvert.

Pourquoi cette fuite? Nouveau point d'interrogation que je ne me charge pas de résoudre. Au surplus, je n'apprécie rien, je raconte.

Le mari apprit les deux visites rendues à sa femme par M. R... de L... et, supposant qu'il n'était pas étranger à cette disparition dont tout Nantes s'occupait, il lui fit demander des explications d'abord, puis une réparation par les armes.

Des explications? M. R... de L... crut s'être justifié en montrant la lettre qu'il avait reçue de Mme H...

Bref, le combat eut lieu le 12 juin, le soir, à quatre heures dans un endroit écarté de Nantes. L'arme choisie était le sabre. Le résultat du duel fut contraire au mari qui reçut à la cuisse, en rabattant dans une parade l'arme de son adversaire, une blessure assez grave pour le retenir quelques mois alité.

Pourquoi le parquet, qui d'ordinaire, fermait volontairement les yeux sur les duels même quand les suites en étaient mortelles, se montra-t-il plus sévère ? Toujours est-il que M. R... de L... fut poursuivi pour coups et blessures volontaires, ainsi que les quatre témoins du duel, qui comparurent comme complices.

Les témoins s'en tirèrent, suivant l'usage, par une amende de cent francs, mais il n'en fut pas pas de même de M. R... de L... qui, sur le réquisitoire de M. Duportal, procureur-impérial, fut condamné à *deux ans* de prison et 500 francs d'amende. De plus, comme il s'était dérobé, en se cachant, au mandat d'amener qui avait été, pendant l'instruction, lancé contre lui et qu'il ne s'était présenté que le jour de l'audience, c'est là, aussitôt après le prononcé du jugement qu'il fut, séance tenante, mis en état d'arrestation.

Il fit appel et, devant la cour de Rennes, ce fut Berryer qui le défendit. Avec quelle éloquence, avec quelle science du droit, avec quelle argumentation solide et persuasive à la fois, point n'est besoin que je le dise. Son plaidoyer, digne de servir encore de modèle, dans les rares procès auxquels donnent lieu les duels, ne modifia pas au profit de M. R... de L... l'impression écrite dans la décision des premiers juges.

C'était moins le duelliste que, semblait-il, on avait poursuivi que le complice présumé de la disparition d'une jeune femme, que l'auteur d'une atteinte grave portée à la dignité du mariage et à la puissance du mari. Berryer le comprit si bien qu'après le réquisitoire du ministère public qui avait beaucoup insisté sur ce point, il reprit la parole non pour plaider de nouveau, mais pour mettre à la disposition de la cour des lettres de Mme H..., établissant qu'elle s'était réfugiée dans un couvent où elle entendait rester jusqu'à sa mort.

Mais c'était à la cour seule, non au ministère public que Berryer proposait cette communication. L'avocat impérial s'y opposa, toutes les pièces produites au débat appartenaient disait-il, à tout le monde et il demanda à en prendre, lui aussi, lecture comme la cour. Berryer ne le voulut pas et reprit ses lettres, avant qu'elles eussent été lues par personne.

Ce n'est pas à tort que la chambre correctionnelle de la cour a été désignée sous le nom de « chambre des évêques. » Comme eux, elle donne la confirmation à la plupart des jugements qui lui sont déférés. Dans l'affaire de M. R... de L..., la peine fut maintenue sans changement. Aujourd'hui, tout cela est tombé dans l'oubli qui attend les choses humaines, il n'en reste qu'un souvenir bien effacé dans l'esprit de quelques contemporains et la magnifique plaidoirie de Berryer recueillie dans ses *Œuvres oratoires*.

Un autre duel qui fit à Nantes grande sensation, fut celui de MM. H... et de C..., en 1861.

Le motif n'en avait rien que d'absolument honorable : Mme H... se promenait un soir de fête sur le cours Saint-Pierre ou au Jardin des Plantes, au bras de son fils, quand elle fut violemment bousculée par M. de C... qui n'était sans doute pas ce jour-là maître de tout son sang-froid.

Les jeunes gens avaient l'un et l'autre vingt-et-un ans, tous deux appartenaient aux meilleures familles, ils étaient d'une force à peu près égale dans le maniement de l'épée et rien n'était plus naturel que l'envoi de témoins de la part d'un fils désireux de venger l'offense faite à sa mère, rien n'était plus correct que l'attitude de M. de C..., se mettant à la disposition de son adversaire, d'autant que, sur les conseils de Me Waldeck-Rousseau père, M. de C... avait, en même temps, adressé à Mme H... la lettre d'excuses la plus humble et la plus touchante pour son inconvenance de la veille. Je ne garantirais pas que Me Waldeck qui tournait à merveille les lettres les plus délicates et qui savait y allier les ressources de son esprit à la sensibilité si élevée de son cœur, n'eût pas mis la main à ce modèle du genre.

Le duel eut lieu au bas de la côte du Pont-du-Cens. L'un des témoins de M. de C... était, si j'ai bonne mémoire, M. de Terves, aujourd'hui député de Maine-et-Loire. L'arme choisie par l'offensé était l'épée de combat avec le gant facultatif.

Un incident assez original marqua cette rencontre, qui ne dura pas moins de trois quarts d'heure avec cinq reprises différentes.

M. H... croyait avoir touché son adversaire ; mais ayant senti son épée rencontrer une très forte résistance, il se rejeta en arrière et appela les témoins pour faire les constatations d'usage. M. de C... affirmait n'être pas blessé et pourtant l'épée de M. H... était toute recourbée à son extrémité. Voici ce qui s'était passé :

L'épée avait porté au beau milieu du bouton en métal du pantalon de M. de C... et l'avait si violemment brisé en quatre ou cinq morceaux qu'il ne tenait plus que par un fil, et voilà ce qui avait suffi sur le moment à sauver la vie à M. de C... Il n'en fut pas moins atteint, à la cinquième reprise, à l'aîne droite d'un coup terrible qui mit fin au combat et des suites duquel il mourut environ un an après.

Le bruit qu'avait fait ce duel obligea le parquet, d'ordinaire fort tolérant en pareille matière, à poursuivre duellistes et témoins en police correctionnelle. Me Waldeck, qui plaidait pour M. de C..., y fut tout bonnement merveilleux d'éloquence et émut jusqu'à l'adversaire de celui qu'il défendait.

M. H..., qui abritait ses explications sous l'égide toute-puissante de sa tendresse filiale, ne fut pas moins vigoureusement défendu par son avocat, à qui, le lendemain, M. de C... envoya à son tour des témoins. Le défenseur aurait pu invoquer les droits de la liberté de la parole pour refuser de se mesurer avec M. de C... sur un autre terrain que celui de la barre; mais, d'une grande loyauté de caractère et d'une réelle bravoure, il ne le voulut pas et se battit avec M. de C...., qui lui fit au sourcil droit une blessure heureusement sans gravité.

Vous parlerai-je d'autres jeunes gens qui se signalèrent par le grand nombre de duels auxquels ils prirent part? M. Jaunet, qui est mort il y a quelques années déjà à la Martinique, en eut une vingtaine où il fut toujours heureux. M. Henri de Cad... en eut une trentaine. Ils en eurent même un ensemble. M. Emile Ferrand, qui fut mêlé depuis aux marchés de la Défense nationale, se battit, si j'ai bonne mémoire, avec M. de Cad...

Un autre Nantais, qui manie l'épée comme la plume, M. Edmond Arnous-Rivière, eut un soir, au Café Molière, maille à partir avec le baron Barbier. La discussion avait pris des proportions si aiguës qu'une rencontre était devenue inévitable.

Seulement un des antagonistes partait le lendemain même pour Paris et devait rester quelques jours absent. Il eût été ridicule d'attendre son retour, on résolut de vider sur-le-champ la querelle. Les épées une fois cherchées chez M. Gouzé ou son prédécesseur, on s'en fut au bout du boulevard Delorme et c'est là, à minuit, sous un reverbère, que les deux adversaires se mirent en garde, comme Didier et le marquis de Saverny dans *Marion Delorme*.

Voici enfin une anecdote plus proche de nous :

A la suite d'une discussion qui avait fait quelque bruit à Nantes en 1883, un duel devait avoir lieu entre M. C..., officier d'artillerie, en garnison dans notre bonne ville, et M. M..., avocat et conseiller général; M. Forichon, alors procureur de la République, invita ce dernier à prendre les précautions nécessaires pour que le duel ne parvînt pas *officiellement* à sa connaissance et l'engagea même à choisir le lieu de la rencontre en dehors de son ressort; autrement il pourrait se trouver dans la nécessité de poursuivre en police correctionnelle. Les témoins décidèrent en conséquence que le duel aurait lieu sur le territoire de la Vendée, près de Clisson.

Le jour fixé, quel ne fut pas l'étonnement des combattants et des témoins de voir à la grande gare M. Forichon prendre le même train, puis descendre comme eux à Clisson. Une indiscrétion sans doute allait amener une intervention du parquet! En dehors de la gare, tout s'expliqua : M. Forichon allait passer la journée à la campagne d'un ami, et il fit même des vœux pour une heureuse issue de la rencontre. Il ne la connaissait pas... *officiellement*.

Je pourrais multiplier ces anecdotes curieuses et généralement peu connues, grâce à une discrétion que la presse, avec ses nouvelles habitudes de reportage à outrance, n'observe plus guère à présent, mais il ne faut pas abuser même des plus mauvaises choses et je m'arrête, en songeant à ces vers superbes que Richepin met dans la bouche d'un Saltabadil de profession et qui me reviennent à l'esprit toutes les fois que j'entends parler de duel :

Je suis tailleur à ma manière :
Car je taille et je ne couds point,
Et ma méthode routinière
Ne sait travailler qu'au pourpoint
Pour y fendre la boutonnière.

Et voyez si je suis galant !
Dès que la boutonnière est faite
Sur la poitrine du chaland,
J'y mets tout éclos pour sa fête,
Un œillet rouge en m'en allant.

D'aucuns frappent comme on divague,
A tort, à travers. Moi tout droit.
Et, trou de rapière ou de dague,
C'est si petit, mignon, étroit,
Qu'on en pourrait faire une bague.

Bref, dans Paris, pour le moment,
Je le dis sans fausse vergogne
Il n'est pas un seul escrimant,
Fut-il de Naple ou de Gascogne,
Pour faire un mort plus promptement.

Venez donc chez moi. Je vous jure
Qu'après vous me direz merci.
Ma boutique est cette masure
Dont l'enseigne dit : — C'est ici
Que l'on est tué sur mesure.

LE MYSTÈRE DE LA RUE DOBRÉE

Hôtel à louer! — Un quincaillier retiré des affaires. — La disparition du père Bodin et de sa domestique. — Quatre ans après! — Le commissaire central Delaralde. — Arrestation d'un adjoint au Maire. — Les crimes de Crochu. — L'innocence de Lambert.

En descendant la rue Dobrée pour atteindre la place de l'Entrepôt, vous remarquerez à main droite un hôtel de modeste apparence.

Une petite affiche, rose autrefois sans doute, mais bien vite décolorée par le temps, figura longtemps placardée sur la porte. Voici ce que vous y auriez lu :

A LOUER

POUR LA SAINT-JEAN PROCHAINE 1885

UN HOTEL

RUE DOBRÉE, 8, A NANTES

Ce bel hôtel bien distribué est composé au rez-de-chaussée de vestibule et sept pièces, y compris la cuisine; de huit pièces au premier étage; au-dessus grenier et deux mansardes.

Caves, remise, écuries et nombreuses servitudes, beau jardin

S'adresser de 3 à 5 heures pour visiter, et pour la location, à M. RICHARD, 7, rue Scribe.

Une fruitière du voisinage vous eût appris que le *régent* (elle voulait sans doute dire *gérant*) de l'immeuble, M. Richard, avait enfin trouvé preneur pour l'ancien hôtel Damourette, dont voici la courte et dramatique histoire :

En 1851, la maison appartenait à un quincaillier retiré du commerce, fortune faite, M. Baudin, qui tenait magasin rue Bon-Secours et avait transformé, à force d'économie, d'avarice presque, en piles de louis d'or, ses fourneaux de fonte et ses entonnoirs de fer-blanc. Ce Baudin ou Bodin — les noms propres n'ont pas d'orthographe — qui n'avait guère plus de cinquante ans, n'était pas seul : il avait à son service comme domestique, une fille Legendre, âgée de vingt-sept à vingt-huit ans, qui tenait le ménage.

Il venait assez volontiers chaque jour en ville, au cercle, causer avec les uns et les autres, fumer, comme on dit, une vieille pipe et prendre vers cinq heures, l'apéritif à la mode d'alors, avant de rentrer dîner. Un jour, c'était un samedi, dans la première quinzaine de décembre 1851, il manifesta à l'un de ses amis, resté le mien, des velléités de voyage, de déplacement sans esprit de retour :

— Si je trouvais à vendre avantageusement mon hôtel, disait-il, je le vendrais pour voyager.

Aussi, quand, les jours suivants, Baudin ne parut pas à son ordinaire, nul ne s'en inquiéta, du moins parmi ses connaissances ; n'avait-il pas parlé de s'absenter ? Il était probablement en route. Seul, le facteur des postes avait fini par s'émouvoir : la boîte aux lettres percée dans la porte d'entrée s'était peu à peu remplie, et, continuer à y glisser le courrier, c'était l'exposer, sinon à la cupidité, du moins à la curiosité des passants. Le silence prolongé qui régnait dans la maison, troublé seulement par les bêlements plaintifs d'une chèvre, avait aussi intrigué le voisinage.

Un jour enfin, le parquet résolut d'avoir le cœur net de ce mystère.

On pénétra dans la maison ; rien n'y était dérangé, tout y était resté à la place habituelle ; pas la moindre trace de désordre. Dans la salle à manger, la table était mise : nappe blanche, assiette plate et assiette creuse l'une sur l'autre, une bouteille de vin encore cachetée, quelques morceaux de pain coupés d'avance et disposés dans un panier. Seulement, à la pression du doigt, on sentait que le pain était rassis.

Les oiseaux étaient morts de faim dans leur cage ; dans la basse-cour, quelques volailles gisaient sans vie. Seule, une chèvre s'était soutenue en broutant, d'abord l'herbe dans le rayon restreint où elle était attachée, puis en rongeant le bois même du piquet fiché en terre qui la retenait. Quant à Baudin, quant à sa servante, ils n'étaient plus là.

Qu'étaient-ils devenus ? A quel mobile assez puissant avaient-ils obéi — puisque la maison de la rue Dobrée n'avait pas été le théâtre du crime — pour la quitter brusquement, au moment de se mettre à table ? et à quel attentat avaient-ils succombé pour disparaître aussi complètement, sans laisser la moindre trace ?

Ce qu'on fit de recherches, vous le devinez sans peine d'autant que — j'ai à peine besoin de l'ajouter — toutes les valeurs en titres ou en espèces monnayées s'étaient également évanouies. La police, suivant plus d'une fausse piste, alla jusqu'à soupçonner un pauvre employé de l'éclairage de la ville qui s'était noyé, à peu près à la même date, en faisant la chaîne lors du terrible incendie de la rue d'Orléans, et dont le cadavre ne fut retrouvé que plus tard. L'opinion publique s'émut, moins toutefois qu'elle ne l'eût fait en une autre circonstance, à raison des graves événements qui absorbaient tous les esprits — je veux parler du coup d'Etat de décembre. Cependant une sorte d'illuminée avait désigné le jardin d'un homme honorable comme le lieu où les cadavres avaient dû être ensevelis : on fit des fouilles, on ne retira rien que... de la terre végétale.

Le temps vint atténuer, puis effacer le souvenir de ce crime dont l'auteur ou les auteurs avaient pu se soustraire à la justice des hommes. On oublia ce forfait après tant d'autres, la guerre de Crimée absorba à Nantes comme ailleurs l'attention publique, quand dans la nuit du samedi 9 août au dimanche 10 août 1856, une arrestation inattendue, étrange, inouïe vint remettre sur le tapis ce drame dont on avait perdu le souvenir.

J'avais le soir même rencontré au théâtre le commissaire central Delaralde.

Ce Delaralde était bien le type des policiers tels que les rêvait le gouvernement impérial dans certaines grandes villes du territoire où, accueilli avec défiance, il avait plus besoin qu'ailleurs d'être tenu au courant de l'impression publique, surtout en ce qui concernait les classes dirigeantes. Pour déjouer leur esprit d'opposition, ne fallait-il pas connaître les moindres détails de leur vie intime, les fredaines mystérieuses des uns, les passions inavouées des autres ? ne fallait-il pas avoir découvert ce *cadavre* que les personnalités les mieux notées cachent parfois dans leur existence, quelque relation avec une femme mariée, une indélicatesse au jeu, un enfant naturel, une fille abandonnée ? De la sorte, à la moindre velléité de révolte, le récalcitrant risquait une révélation qui arrêtait toute résistance. C'était Delaralde, avec ses allures *bon enfant*, qui avait été chargé de faire le dossier des hommes et même des femmes en vue de la ville de Nantes. D'autres ont imaginé la République aimable : lui représentait la police aimable. N'était-il pas l'ami de tout le monde ? ne fréquentait-il pas les cercles, les cafés, la bonne société, causant volontiers, écoutant plus volontiers encore ? quelque scandale se produisait-il dans le *high-life* nantais, il aidait volontiers à l'étouffer. A charge de revanche, une autre fois, à l'occasion, celui qu'il avait ainsi tiré d'embarras, lui en serait reconnaissant. Service pour service.

— Vous lirez du nouveau demain dans la chronique locale du *Phare*, me dit-il.

— Qu'est-ce encore ? fis-je curieux et intrigué, sachant bien que Delaralde ne s'avançait pas sans quelque motif sérieux et à bon escient.

— Vous verrez.

Il avait en poche à ce moment un mandat d'arrêt délivré contre une des plus hautes personnalités de Nantes, Lambert, notaire et adjoint au maire, qui précisément assistait ce soir-là dans la loge de la mairie, à la représentation théâtrale. Le spectacle fini, Lambert montait en voiture pour se faire reconduire route de Rennes où il avait son domicile particulier — l'étude était place Royale — sans s'apercevoir qu'un autre véhicule suivait le sien.

Au moment où il mettait la clef dans la porte :

— Au nom de la loi, je vous arrête, lui cria l'officier de police. Et malgré ses énergiques protestations, Lambert, menottes aux mains, dut remonter dans sa propre voiture et prendre, comme un malfaiteur, le chemin de la prison

15

Lafayette qui, vers deux heures du matin, s'ouvrait pour le recevoir.

Qu'était-il donc arrivé ? C'est ce que Nantes anxieux, épouvanté se demandait le lendemain matin, surtout en songeant à la position de fortune de celui sur qui la justice avait brusquement mis la main, à ses fonctions d'officier ministériel, au rôle public qu'il jouait dans la gestion des affaires communales.

L'émotion redoubla quand on sut que Lambert était inculpé de complicité dans la disparition mystérieuse de Baudin et de sa domestique.

Qui l'accusait ? Un malfaiteur dangereux, Pierre Crochu, ancien fripier à Nantes, où il était arrivé en 1824, colportant dans les rues des articles de menue valeur, ouvrant ensuite une boutique de brocanteur, puis achetant divers immeubles vendus plus tard par expropriation, disparaissant enfin, après quelques affaires équivoques, sans laisser de trace. Nul ne savait ce qu'était devenu ce Crochu, lorsque, le 28 décembre 1855, la petite commune de Saint-Nicolas-de-la-Taille, près du Havre, fut épouvantée par un assassinat suivi de vol et d'incendie. Un cultivateur du nom de Letudois avait été tué dans son sommeil, puis dévalisé et le meurtrier, pour effacer la trace de son crime, s'était enfui en mettant le feu à la maison. Par un hasard étrange, le cadavre de Letudois avait été épargné par la flamme et bientôt une instruction habile amena l'arrestation de Pierre Crochu. Il nia tout, mais n'en fut pas moins condamné à mort par la cour d'assises de Rouen.

Comme bien vous pensez, l'affaire de Saint-Nicolas-de-la-Taille fit peut-être plus de bruit à Nantes qu'en Normandie. On se souvint que Crochu avait eu des relations d'affaires assez suivies avec Baudin, quelques personnes se rappelèrent avoir rencontré, à une époque contemporaine du crime, Crochu sur la route du Temple, conduisant sur un lourd chariot, deux grandes malles, et bientôt la rumeur publique le désigna comme l'assassin vraisemblable de la rue Dobrée.

Cédant à des sollicitations pressantes, Crochu qui se déclarait innocent du crime de Saint-Nicolas, se déclara coupable du meurtre de Baudin et de sa domestique.

— Que la justice, dit-il, se transporte dans le jardin qui m'appartenait à Chantenay, à l'angle des chemins de la Fournillère et de la Chesnaie, vis-à-vis des grilles de la propriété des Renardières, là dans un fourré très épais d'ifs et de magnolias, elle trouvera les deux cadavres. Mais je n'étais pas seul et je n'agissais pas pour mon compte, quand j'endormis, à l'aide d'un narcotique mêlé à du vin, le père Baudin et sa domestique : le principal coupable, c'est le notaire Lambert. Je n'ai touché que 10,000 francs pour ma part. Il a pris le reste.

Les fouilles eurent lieu et ailleurs encore, en présence de Crochu, ramené de Rouen à Nantes, mais de cadavres point. Confronté avec Lambert, il ne put rien préciser et, tandis qu'il reprenait le chemin de la Normandie où l'attendait la guillotine, le malheureux notaire, tenu d'abord au secret le plus rigoureux, était au bout d'une dizaine de jours, rendu à la liberté.

Lambert était entré à la maison d'arrêt avec les cheveux noirs, il en sortit tout blanc, tant avait été violente, la secousse de cette inutile brutalité. Son innocence éclatait absolue et le seul point demeuré obscur, c'était le mobile auquel avait obéi Crochu en faisant de lui plutôt que d'un autre le collaborateur de ses forfaits. Peut-être espérait-il seulement gagner du temps avec de vagues idées de grâce possible ou d'évasion *in extremis* qui hantent toujours le cerveau des condamnés.

Ce qui est certain, c'est qu'aujourd'hui encore après trente-sept années, le mystère plane toujours sur cette disparition. Un jour peut-être, en desséchant aux environs de Nantes quelque étang abandonné ou en faisant passer la charrue sur quelque terre en friche, découvrira-t-on l'un auprès de l'autre deux squelettes où les savants reconnaîtront les restes d'un homme mûr et ceux d'une jeune fille.

Il y aura bien des chances pour que ce soient les seuls débris mortels de Rose Legendre et de son maître Baudin.

MARGUERITE BELLANGER

De Villebernier à Nantes. — L'amoureuse de Napoléon III. — La Margot chez Adèle de Stainville. — Une aventure au Croisic. — Le nid de la rue de la Fosse. — Les Nantais chez Marguerite Bellanger. — Un faire-part. — La devise de Marguerite : tout vient à point à qui sait attendre.

Pourquoi ne consacrerais-je pas quelques pages à une femme qui, bien qu'angevine de naissance, avait à Nantes plus d'une attache de cœur, je veux parler de Marguerite Bellanger — qui joua dans l'histoire secrète du second Empire le rôle que vous connaissez.

Je n'y insisterai pas bien longuement, la politique n'est pas trop mon fait et vous savez mieux que moi la fraude dont elle se rendit coupable pour obliger son seigneur et maître. N'eut-elle pas la charité d'accepter la maternité d'un enfant qu'elle n'avait pas mis au monde et d'en attribuer la conception à un autre qu'à Napoléon III, afin d'une part de couvrir la faute commise par Mlle de *** que le souverain d'alors avait séduite et rendue mère, de l'autre de calmer la colère de l'impératrice qui passait à son mari des maîtresses, pourvu qu'elles ne lui donnassent pas d'héritiers ? Quelques témoins complaisants se prêtèrent à la déclaration suivante, faite à la mairie de la rue d'Anjou-Saint-Honoré :

PRÉFECTURE DU DÉPARTEMENT DE LA SEINE

Extrait du registre des actes de naissance du huitième arrondissement de Paris.

Du 26 février 1864, à dix heures du matin.

Acte de naissance de Charles-Jules-Auguste-François-Marie, présenté et reconnu pour être du sexe masculin, né à Paris, rue des Vignes, 27, le 24 du courant, à dix heures et demie du soir, fils de père et mère inconnus, le déclarant ayant affirmé, sur interpellation à lui faite, ignorer les noms et le domicile de cette dernière.

Déclaration faite devant nous, adjoint au maire du huitième arrondissement de Paris, délégué, officier de l'état-civil, par Claude-Marie-Charles Frémy, docteur en médecine, chevalier de la Légion d'honneur, âgé de 47 ans, demeurant rue de Berlin, 9, présent à l'accouchement, assisté de Charles Giraud, artiste peintre, chevalier de la Légion d'honneur, âgé de 45 ans, rue du Centre, 17, et de Victor-Jean-François Mangnier, caissier, âgé de 29 ans, demeurant rue Richepance, 8, lesquels et le déclarant ont signé avec nous, après lecture faite.

Ch. Frémy, Ch. Giraud, J. Mangnier,
A. Grouvelle.

Marguerite Bellanger a continué jusqu'à sa mort à entourer d'une affection délicate ce fils de son « cher seigneur » et de son côté cet enfant, grand aujourd'hui — il aura vingt-cinq ans le 24 février 1889 — aimait beaucoup cette mère de rencontre ?

Mais assez de politique comme cela. Aussi bien Marguerite Bellanger était-elle d'une réserve absolue quant à ses rapports avec celui qui avait été l'empereur des Français, se fâchant même de la moindre allusion indiscrète et boudant le méchant dont la curiosité essayait d'éveiller ces souvenirs du passé.

Quand d'Angers, elle vint à Nantes pour la première fois, amenée par un de nos concitoyens, jeune homme alors, gros négociant aujourd'hui, elle n'était encore qu'une petite grisette, plutôt jolie que belle, sous cette coiffe avenante des Ponts-de-Cé, avec sa garniture de fines dentelles et ses ailes gracieusement relevées. Comme tant d'autres, elle avait depuis longtemps jeté son premier jupon par-dessus les moulins de Villebernier, son bourg natal.

Elle demeurait alors en garni dans une des maisons situées derrière le théâtre Graslin et qui sont comme le quartier-général du demi-monde où l'on s'amuse. C'est là qu'elle fit sans peine la connaissance d'une *vieille garde,* célèbre, en religion galante, sous le noble sobriquet d'Adèle de Stainville, qui lui prédit en faisant le grand jeu ses destinées futures et la lança de Nantes dans la haute-bicherie parisienne.

Marguerite Bellanger — la Margot, comme on l'appelait, — était alors, comme elle l'est restée depuis, une belle personne, blonde aux yeux bleus, au regard naturellement doux jusqu'à l'ingénuité, à la tenue décente, à la démarche digne d'une femme du meilleur monde. Le nez droit dans son ensemble, malgré un léger renflement aquilin, l'œil intelligent, la commissure des lèvres témoignant la finesse plutôt que la volonté, elle répondait volontiers à cette définition de Balzac, qui s'y connaissait en femmes:

— La femme vraiment distinguée est celle qu'on ne distingue pas.

Elle était fort distinguée, et cependant on la distinguait.

Toujours très simple dans sa vie, elle se tenait avec convenance dans l'appartement qu'elle occupait, 9, rue Mogador, derrière le Grand-Opéra, dont l'empereur s'échappait pour l'aller voir, après avoir échangé avec elle, dans l'après-midi, au Bois ou aux Champs-Elysées, un signe de convention, une simple fleur qui, à la boutonnière ou à la main, indiquait l'heure du berger à la bergère.

Mais jamais la chronique la plus indiscrète n'a conté à propos de la Margot les fortunes disparues, les fils de famille ruinés, les duels tapageurs, les trahisons bruyantes, les scandales de mœurs, qui sont d'ordinaire l'accompagnement obligé de ces liaisons féminines.

Elle revint à Nantes au moment des fêtes qui suivirent la guerre d'Italie et la paix de Villafranca. C'est à l'*Hôtel de France*, au 1er étage, qu'elle reçut, en bonne camarade, les hommages de toute la jeunesse dorée d'alors.

Il lui arriva même, ainsi qu'à une de ses amies, chanteuse de l'Opéra, qui l'avait accompagnée, une piquante aventure d'autant plus authentique qu'elle se passa par devant notaire.

Elles avaient de Nantes poussé une pointe jusqu'au Croisic, où elles n'avaient pas eu de peine, grâce à leur distinction naturelle, à se faire passer, à l'établissement Deslandes (elles y avaient pris logement), pour deux femmes d'attachés d'ambassade, momentanément détachées de leurs maris.

On sait combien on se lie aisément aux bains de mer. Margot et son amie firent bien vite la connaissance d'un notaire de Saumur, venu là pour passer la saison avec sa femme et sa fille. Nos braves Saumurois trouvèrent nos dames si charmantes qu'un jour une promenade en mer fut arrêtée pour le dimanche suivant. La veille au soir, le samedi, arrivaient deux de nos concitoyens, appartenant au *high life* nantais, venus tout exprès pour passer la journée avec Margot et son amie.

Que faire ? Manquer l'excursion projetée ? Pareille impolitesse était impossible. Laisser nos deux Nantais se morfondre sur la jetée ? Cruelle alternative. Bast ! à la campagne comme à la campagne. Marguerite présenta les deux visiteurs comme ses cousins germains et, naturellement, ils firent partie de la promenade en mer. Avec d'aussi joyeux cavaliers et d'aussi spirituelles compagnes, la fête fut charmante. Pas la moindre anicroche : la fille galante s'était tenue comme une femme du monde, les cousins de contrebande avaient admirablement joué leur rôle, et qui sait ? le notaire s'était peut-être déjà complu à voir dans l'un d'eux un gendre pour l'avenir, quand, ô déveine, ô guigne fatale ! au moment du débarquement un autre Nantais qui n'était pas au courant du complot, reconnut la fausse attachée d'ambassade :

— Tiens, Margot, d'où viens-tu ?

Et de rire. Les deux femmes et leurs cavaliers ne riaient pas, je vous assure. Il y eut des reproches et du bruit, et le soir même on regagnait Nantes, tout confus et sans autre forme de procès.

Marguerite ne devait pas en partir de si tôt. L'un des deux jeunes gens venus pour la surprendre au Croisic, s'était absolument féru d'elle. Il la supplia de rester et, bonne fille comme elle l'était, elle dit oui. Comme de juste, elle dut changer d'appartement et s'en fut cacher ses amours rue de la Fosse, dans la maison dont l'armurier Brichet occupe encore aujourd'hui le magasin du rez-de-chaussée. Vous devinez si ce nid fut capitonné et coquettement meublé.

Mais il n'est pas d'éternelle tendresse. Les deux amants se faussèrent compagnie et Margot retourna à Paris où elle demeura successivement rue Pierre-Charron, puis rue Boccador, derrière le Trocadéro.

Nantes ne la revit plus que de loin en loin ; elle avait longtemps conservé l'habitude d'y venir pour les courses qui se donnaient alors sur l'hippodrome de la prairie de Mauves, puis elle cessa, mais sans rompre complètement les liens de bonne amitié qui l'attachaient à la jeunesse nantaise.

Elle aimait à revoir, en tout bien tout bonheur, ceux qui jadis avaient déposé leur cœur à ses pieds; elle accueillait même la génération nouvelle, tantôt chez elle, tantôt au Café Anglais, son restaurant de prédilection. Quand des Nantais venaient la voir à Paris, c'est là qu'elle les invitait... à l'inviter et j'en pourrais citer un qui, connaissant son faible, ne sonnait jamais à sa porte sans s'être muni, avant de partir, d'un sac de berlingots à la menthe de la place Royale.

Dans l'intervalle, elle s'était mariée à un étranger, un Prussien, je crois, du nom de Kulbach, avec qui depuis elle s'était brouillée à mort. Qui sondera jamais les arcanes du cœur féminin ? qui expliquera pourquoi une femme galante tient, un jour venant, à se marier devant le maire et le curé, sauf à reprendre, à la première contrariété, la vie aventureuse d'autrefois ?

C'est un peu ce que fit Marguerite Bellanger, retirée assez discrètement dans une jolie propriété entre cour et jardin, 48, avenue du Quatre-Septembre, à Boulogne, tout auprès des Rothschild, sur cette route charmante qui longe la Seine du bois de Boulogne à Saint-Cloud.

Elle en avait d'autres, en Touraine, dans le Soissonnais, en Seine-et-Marne, elle était riche d'ailleurs, commanditant des fonctionnaires de la République, fournissant même à l'un d'eux le cautionnement qui lui était nécessaire, ayant des intérêts dans un riche magasin de dentelles des environs de la Banque, menant à la fois, par ailleurs, plusieurs intrigues de cœur, comme s'il y avait pour les grandes amoureuses une loi fatale qui les condamne à la galanterie à perpétuité.

*
* *

En novembre 1886, la lettre suivante, encadrée de noir, parvenait à quelques rares personnes :

M

Vous êtes prié d'assister aux Convoi, Service et Enterrement de

Madame KULBACH
née Julie LEBŒUF

décédée le 23 Novembre 1886, dans sa 46e année, en son Château de VILLENEUVE-sous-DAMMARTIN (Seine-et-Marne).

Qui se feront à PARIS le Samedi 27 courant à MIDI très précis, en l'Eglise St-Pierre de Chaillot, sa paroisse.

ON SE RÉUNIRA A L'ÉGLISE

De Profundis!

De la part de Monsieur KULBACH, son mari, de Monsieur Charles LEBŒUF, son fils, de Monsieur et Madame Jules LEBŒUF, ses frère et belle-sœur, de Mesdemoiselles Marguerite et Geneviève LEBŒUF, ses nièces, de toute sa famille et de ses amis.

L'Inhumation aura lieu au Cimetière Montparnasse

C'était la lettre de faire part de Marguerite Bellanger — nom de guerre qu'elle avait pris comme plus gracieux que le sien. On s'appelle Julie, soit ; mais Lebœuf ? Son fils conduisit le deuil, ainsi que son frère, jusqu'au cimetière Montparnasse, où Marguerite repose dans un caveau de famille.

Ce que c'est pourtant que de nous !

Un refroidissement gagné dans son parc, un bain intempestif avaient déterminé une péritonite, qui, malgré les soins du docteur Fieuzal, l'emportait en dix jours.

Au chevet de la mourante, pas d'amis, pas de parents, pas de consolation suprême, plus de doux baisers d'adieu. Rien qu'une vieille servante, jalouse de ses prérogatives, et qui ne laissa approcher personne, pas même le prêtre, du lit de sa maîtresse.

Pauvre Marguerite ! comme à la *Dame aux Camélias*, qui s'appelait, elle aussi, Marguerite, il te sera beaucoup pardonné, parce que tu as beaucoup aimé !

Sur ton papier à lettre, tu avais fait graver une tendre marguerite, à l'œil d'or, aux cils d'argent, qui te servait à compter le : *Je t'aime un peu, beaucoup, passionnément, plus du tout.* Tu y avais ajouté cette légende :

« Tout vient à point à qui sait attendre ! »

Tu as attendu, mais c'est la mort qui est venue !

Sic transit gloria demi-*mundi.*

IL Y A DIX-HUIT ANS....

La révolution du Quatre-Septembre à Nantes. — L'activité patriotique dans nos ateliers. — La levée en mase prévue par M. Waldeck-Rousseau. — Avis administratifs. — Au lendemain de Metz. — Une proclamation du Maire de Nantes. — Une réunion publique à la salle Graslin. — La signature de la paix.

Mardi dernier, 4 septembre 1888, j'entrais pour affaires administratives, à la Mairie de Nantes. J'allais monter les marches qui conduisent au portique du fond, quand mon regard tomba presque machinalement sur une plaque noirâtre, vissée au mur, et sur laquelle quelques lignes avaient été gravées. Sans avoir conservé mes yeux de quinze ans, j'y déchiffrai ceci :

4 SEPTEMBRE 1870

PROCLAMATION DE LA RÉPUBLIQUE

A NANTES

Etaient maire : M. WALDECK-ROUSSEAU

Adjoints : MM. LAURIOL, GOULLIN, GUÉPIN, LECHAT, LELOUP et FLORNOY.

Comment cette date, dont c'était précisément l'anniversaire, comment le nom de M. Waldeck-Rousseau qui conservera l'honneur d'avoir su être le Maire de l'Année Terrible, n'auraient-ils pas éveillé en moi des souvenirs dignes d'être notés ?

Avec ses approvisionnements considérables, avec ses ateliers d'équipement et d'habillement militaire, ses usines où, sous les ordres du colonel de Reffye, se fondaient les canons de la Défense nationale, sa cartoucherie établie sur les prairies de Vertais, son fleuve qui permettait les communications constantes avec Londres et New-York, avec sa population patriotique, Nantes, la véritable capitale de l'Ouest — plus que Rennes ou qu'Angers — devait être pour l'armée d'invasion un objectif puissant. Les Prussiens s'avançaient lentement vers nous, par prudence; mais leur but était là : traverser le sol de la France de part en part, de Strasbourg jusqu'à Nantes, comme ils lui transperçaient le cœur, et je ne crois guère me tromper en affirmant que, plus tard, dans quelque cinquante ans, quand l'état-major allemand pourra sans indiscrétion révéler les plans de campagne de 1870-71, Nantes y figurera comme le point *terminus* qu'ils se proposaient d'occuper.

Au fur et à mesure que l'ennemi s'approchait, comme une tache noire, de la Beauce en Touraine, de Chartres au Mans, et dépassait même les confins du Maine-et-Loire, la ville de Nantes sentait la gravité de la situation qui la menaçait et des devoirs qu'elle aurait à remplir.

Il ne lui était pas permis de se rendre sans combattre, elle se devait à elle-même, aux jours glorieux de son histoire passée, elle devait au pays de résister à l'invasion, et qui sait ? si elle était secondée par le reste de la

Bretagne, elle pouvait encore nourrir l'espoir de faire reculer l'ennemi.

Le Maire de Nantes était à la hauteur d'une aussi noble tâche et, dès le premier jour, il l'avait vaillamment acceptée.

Avec une énergie rare chez les hommes qui ont dépassé la soixantaine, M. Waldeck-Rousseau prépara à la défense nationale des soldats dignes de la grande cité nantaise.

Avant même que Gambetta n'eût jeté aux quatre vents du ciel l'expression terrible et magique à la fois de *levée en masse*, M. Waldeck-Rousseau — et c'est là ce qui restera son plus légitime honneur — osa la prononcer. Il comprit que nul, quel que fut son âge, n'avait le droit de se soustraire à ce devoir glorieux de défendre le sol natal et il eut le courage de le dire dans les proclamations magnifiques qui, sous la forme modeste *d'avis administratifs*, méritent d'être conservées.

Voici les dernières lignes de celle qui annonçait la mise en activité de la garde nationale mobilisée :

GARDE NATIONALE MOBILISÉE

AVIS

La mise en activité de la garde mobilisée lui impose de graves et périlleux devoirs.

La Bretagne a déjà reçu son baptême de feu, et la bravoure de ses enfants a acquis une glorieuse notoriété.

Vous êtes, chers concitoyens, de cette vaillante race, ferme dans ses desseins, constante dans ses efforts, inébranlable dans son patriotique dévouement.

Vous prenez les armes pour la cause la plus grande et la plus juste qu'un peuple ait jamais défendue. Que la sainteté du but inspire et double votre courage!

Montrez à nos ennemis que les cruelles épreuves subies par la Patrie ne nous ont pas abattus, mais qu'elles ont fait de nous des hommes à la hauteur de tous les devoirs et déterminés à les accomplir.

Qu'il soit prouvé pour tous que les malheurs de la France ont grandi ses résolutions, réveillé son antique énergie et que sa transfiguration a commencé!

Nantes, le 25 octobre 1870.

C'était, vous le voyez, le 25 octobre.

Trois jours après, éclatait la plus épouvantable des nouvelles qui nous assaillirent pendant cette terrible campagne de France, la capitulation de Metz.

Quelle stupeur! quelle indignation! quelle douleur patriotique! C'est à peine si on ajoutait foi à la dépêche fatale: c'étaient les Allemands seuls qui pouvaient répandre une telle calomnie. Les journaux imprimaient tout, mais c'était une fausseté indigne.

Il fallut pourtant se rendre à la douloureuse réalité. Ce fut dans la soirée du dimanche — pendant la guerre, toutes les mauvaises nouvelles nous arrivaient le dimanche — que l'affiche officielle fut placardée. Je me rappelle encore cette soirée, comme si elle datait d'hier: le ciel sans étoiles, noir comme de l'encre, les rues tristes, le gaz éclairant à peine de sa lumière vacillante, comme s'il y avait eu concert même entre la nature inanimée, afin de retarder pour nous la connaissance de cette douleur poignante.

Au coin de la rue Crébillon et de la rue Boileau, la foule se pressait autour d'une affiche que des citoyens éclairaient tour à tour avec des allumettes-bougies et lisaient à haute voix à ceux qui ne pouvaient approcher d'aussi près,

La proclamation du Maire de Nantes, répondit admirablement au sentiment public qu'elle dépassait peut-être. La voici :

Chers concitoyens,

Vous éprouvez, j'en suis certain, les mêmes émotions que moi.

Plus les périls du pays se multiplient, et plus je sens redoubler mon énergie et s'affermir ma résolution de tenter un suprême effort.

En même temps que la trahison soulève la colère et l'indignation, elle fortifie dans les âmes bien placées la religion du devoir. À la trahison elles répondent par un solennel serment de fidélité à la Patrie.

Une épée devenue déloyale et félone fait au cœur de la France une blessure profonde. Mais, je vous en conjure, mes chers concitoyens, point de défaillance ! ne désespérez pas !

Dieu n'abandonne jamais les nations qui combattent pour la justice, pour leurs foyers incendiés, pour leurs champs dévastés, pour l'honneur de leurs femmes et de leurs filles menacées des derniers outrages, pour leur liberté, pour la civilisation contre la barbarie.

Est-ce donc la première fois que la Patrie est en détresse ? N'a-t-elle pas été déjà sauvée par un de ces miracles éclatants, que le désespoir d'un grand peuple a seul le pouvoir d'accomplir ?

Depuis trois jours, la garde nationale mobilisée reçoit son habillement et ses armes ; son équipement se prépare. Ses munitions la suivront le jour de son départ.

L'armement de la garde nationale sédentaire va être complété ; des ordres sont donnés aujourd'hui même ; des cartou-

ches lui sont réservées. La garde sédentaire deviendra une réserve prête pour tous les événements.

En face d'un danger public qui s'accroît, nous ne devons avoir qu'une volonté, qu'une résolution, qu'un but. Arrière les querelles de partis, les récriminations qui divisent ! en France il n'y a, il ne peut y avoir qu'un drapeau ; et si tous les citoyens se groupent dans une patriotique union pour le défendre, nous trouverons encore une fois la victoire dans ses plis.

C'est au nom de la France, au nom de la République, au nom de vos plus chers intérêts que votre administration municipale s'adresse à vous, mes chers concitoyens.

Nantes, le 31 octobre 1870.

Le Maire, WALDECK-ROUSSEAU.

Cette proclamation causa une émotion profonde. Personne ne pouvait protester, personne ne l'eût osé de peur d'être taxé de mauvais citoyen ; mais quand les femmes, les mères de famille qui détestent la guerre — *bella matribus detestata* — virent qu'après la garde mobile partie dès les premiers jours, après les mobilisés qui allaient rejoindre l'armée de la Loire, la garde sédentaire elle-même serait armée, pourvue de cartouches et qu'elle devrait se tenir prête à tout événement, quand on commenta cette affiche digne du maire Baco, présidant en 1793 à la défense de Nantes, d'aucuns se demandèrent si M. Waldeck-Rousseau ne s'était pas laissé emporter trop loin par l'ardeur de l'improvisation oratoire.

Il recueillit les échos divers de ces impressions de la foule, il sut comment sa proclamation avait été appréciée et, dès le lendemain soir, il s'en expliqua avec un patriotisme émouvant.

C'était le 1er novembre : il y avait ce soir-là une importante réunion au Grand-Théâtre afin de recueillir des fonds pour la formation d'une ambulance. Le Comité républicain l'avait organisée en faisant appel à tous les concours, le nouveau général nommé dans l'Ouest par le gouvernement de la Défense Nationale devait y être reçu et c'est à qui viendrait voir M. de Kératry. La séance avait débuté par un discours de M. Normand, président du Comité. Le docteur Guépin avait également parlé, M. de Kératry, dans quelques brèves paroles — *imperatoria brevitas* — avait peint la situation sous les couleurs les plus sombres. Puis était venu un discours long, énervant, sur les bienfaits de la paix, de M. Frédéric Passy — député de la Seine aujourd'hui — et qui s'était réfugié pendant la guerre à Pornic avec toute sa famille.

C'est à ce moment que M. Normand, se tournant, sans l'avoir autrement prévenu, vers M. Waldeck-Rousseau, assis près de lui, et qui n'était pas inscrit pour parler, se leva et dit : — La parole est à M. Waldeck-Rousseau.

— Vous me jouez un vilain tour, murmura à mi-voix le Maire de Nantes, qui, comme mû par un ressort magnétique, les poings crispés, la gorge serrée par une indicible émotion, s'approcha pourtant d'une petite table réservée aux orateurs.

Il fut littéralement splendide, et jamais improvisation plus chaleureuse ne l'avait mieux inspiré. Faisant allusion d'une part à la gravité de la situation que le général en chef des forces de l'Ouest venait d'avouer, et de l'autre à cette affiche où il savait qu'on lui reprochait d'avoir forcé la note, il s'écria : — Avais-je pourtant raison ?

Et ce même membre de phrase, il le reprit ensuite en le

développant, en prouvant qu'il avait eu raison de prévoir une calamité nouvelle et de préparer l'armement de la Ville et il en faisait la conclusion de sa pensée, frappant l'esprit et l'oreille de l'auditoire de ces mêmes mots, comme le marteau frappe l'enclume : — Avais-je pourtant raison ?

Si bien qu'à la fin, les assistants subjugués par cette mâle et cordiale parole, sous le charme de cette éloquence qui ne devait rien à la rhétorique banale et comme empoignés, se levèrent comme un seul homme et quand une dernière fois, il demanda — Avais-je raison ? mille voix l'interrompirent en criant : — Oui, oui, vous aviez raison.

Ajouterai-je un détail qui vous donnera la mesure de l'émotion qui passait, comme un frisson, sur la foule : les femmes applaudissaient !

Sur l'estrade toutes les mains s'étaient tendues vers M. Waldeck-Rousseau, qui avait repris sa place, sans pouvoir prononcer un mot de plus, suant à grosses gouttes, soufflant comme un soufflet de forge, le cœur battant à je ne sais combien de pulsations et saisi lui-même de cette émotion qu'il avait communiquée à un auditoire plutôt mal disposé.

J'ai souvent entendu depuis des orateurs éclatants; j'avais applaudi auparavant les avocats les plus célèbres, je ne me rappelle pas avoir éprouvé une sensation plus profonde que ce soir-là.

L'orchestre joua ensuite — c'était M. Solié qui le dirigeait — une marche patriotique. J'avoue que je ne l'écoutai guère; j'avais encore dans les oreilles la parole vibrante qui nous avait tous transportés.

Quelques jours plus tard, à la demande de la Municipalité, un décret déclarait la Loire-Inférieure en état de guerre, bien qu'elle fût éloignée de l'ennemi de plus de cent kilomètres.

Un livre qui reste à écrire, dira sans doute un jour comment nos concitoyens se distinguèrent, les uns au siège de Paris dans la garde mobile, les autres à l'armée de la Loire dans la garde nationale mobilisée, francs-tireurs de Châteaudun ou volontaires de l'Ouest (anciens zouaves pontificaux). Pareille tâche serait trop lourde pour moi. Mais ce que je puis affirmer, c'est que Nantes fut d'une aide puissante au gouvernement de la défense nationale et que le maire d'alors fut à la hauteur des graves devoirs que lui créaient les événements.

La paix se fit avant que les Prussiens eussent poursuivi leur route vers Nantes. Dès qu'il connut cette nouvelle tristesse, M. Waldeck-Rousseau réunit ses collègues et dans une séance extraordinaire tenue le 1er février 1871 la résolution suivante, proposée par le Maire, fut votée à l'unanimité :

Le Conseil municipal, profondément ému des communications si graves qui lui ont été faites dans ces derniers jours, se déclare résolu à donner son ferme concours à toutes les mesures qui seront prises dans le but de sauvegarder l'honneur de la France et d'assurer la défense du pays, jusqu'à ce qu'une paix compatible avec sa dignité soit proposée.

Le Conseil municipal persiste énergiquement dans ses précédentes délibérations au sujet de la défense régionale, et il adjure tous les citoyens d'oublier leurs divisions de parti ou leurs dissentiments politiques pour ne songer qu'aux douleurs de la Patrie et à l'accomplissement des devoirs qu'elles imposent.

Voilà ce que me rappelait à l'esprit la plaque commémorative qui se trouve, inaperçue et à peine lisible, dans la cour de l'Hôtel-de-Ville, en avant de cette table de marbre noir où figurent, en lettres d'or, les noms des Nantais tués à l'ennemi pendant cette douloureuse campagne de 1870-1871. Certes, M. Waldeck-Rousseau eut alors des collaborateurs dignes de lui, la population tout entière marchait dans la voie qu'il lui indiquait, mais ce n'est pas moins à lui que revient la plus large part dans cette page douloureuse et belle tout à la fois de notre histoire locale et c'est faire acte de justice que de ne rien lui en retrancher.

TABLE ALPHABÉTIQUE

DES

NOMS DE LIEUX

CITÉS DANS CET OUVRAGE

J

K

L

M

O

P

R

TABLE ALPHABÉTIQUE

DES

NOMS DE PERSONNES

CITÉS DANS CET OUVRAGE

TABLE DES MATIÈRES

PRÉVOST-PARADOL A NANTES

ARTISTES ET IMPRESARIOS

GOURMETS ET GOURMANDS

LES THÉATRES DISPARUS

MICHELET A NANTES

LE PÈRE GUÉPIN

VIEILLES MAISONS

LA FOLIE-DOBRÉE

LE QUARTIER GRASLIN

VIEILLES ENSEIGNES

TYPES ET CRIS DES RUES

DUELS ET DUELLISTES

LE MYSTÈRE DE LA RUE DOBRÉE

MARGUERITE BELLANGER

IL Y A DIX-HUIT ANS...

ACHEVÉ D'IMPRIMER

LE SEPT NOVEMBRE M DCCC LXXXVIII

A l'imprimerie George SCHWOB et FILS

4 et 6, rue Scribe, 4 et 6

NANTES

www.ingramcontent.com/pod-product-compliance
Ingram Content Group UK Ltd.
Pitfield, Milton Keynes, MK11 3LW, UK
UKHW020207250726
13967UKWH00003B/1314